2시간에 끝내는

트와이스
한국사

「이 도서의 국립중앙도서관 출판예정도서목록(CIP)은 서지정보유통지원시스템 홈페이지(http://seoji. nl.go.kr)와 국가자료공동목록시스템(http://www.nl.go.kr/kolisnet)에서 이용하실 수 있습니다.(CIP 제어번호: CIP2017028661)」

트와이스 한국사

초판 1쇄   2017년 11월 15일

지 은 이	안 규
그 린 이	남운협
펴 낸 이	이정원
편집책임	선우미정
편 집	이동하
디 자 인	김정호
마 케 팅	나다연 · 이광호
경영지원	김은주 · 박소희
제 작	송세언
관 리	구법모 · 엄철용

펴 낸 곳	도서출판 들녘
등록일자	1987년 12월 12일
등록번호	10-156
주 소	경기도 파주시 회동길 198번지
전 화	편집부 031-955-7385 마케팅 031-955-7378
팩시밀리	031-955-7393
홈페이지	www.ddd21.co.kr
페이스북	www.facebook.com/bluefield198
I S B N	979-11-5925-293-8 (13910)

2시간에 끝내는

트와이스
한국사

안규 지음 | 남운협 그림

푸른들녘

쉽고 재미있게 공부한 내용은 평생 간다!

안녕하세요, 여러분! 만나서 정말 반갑습니다.

저는 광고회사에서 카피라이터로 일하고 있는 '안규'입니다. 카피라이터가 역사책(은 아니고 정확히 말하면 역사를 이해하는 데 도움이 되는 책)을 썼다는 사실이 무엇보다 궁금하시죠? 혹시 역사를 전공했냐고요? 아닙니다. 역사는 중·고등학교 시절 학교에서 배운 것이 전부였어요. 역사를 좋아하고 역사책을 누구보다 많이 샀다고 자랑할 수는 있겠지만, 고백하건대, 구매한 역사책들의 반의반도 읽지 못한 사람이에요. 그런데 왜 제가, 어떤 이유로, 대체 무슨 자신감으로 이런 역사 암기책을 쓰게 되었을까요? 사건은 3년 전 12월로 거슬러 올라갑니다.

12월 말, 여느 해처럼 방송사 연기대상 시상식을 보던 중이었어요.

"우리도 내년 연말에는 시상식을 할까? 1년 동안 상이나 자격증을 딴 사람에게 포상금을 주는 거야!"

'상금'이란 말에 잠시 이성을 잃은 저는 그 자리에서 엄청난 공약을 해버렸어요. "한국사능력시험 1급 자격증을 따겠다!"라고 말이에요.

그 후 제가 한 공약이 얼마나 어려운 것인지 회사 업무와 공부를 병행하면서 온 몸으로 깨닫게 되었는데요. 다행히 훌륭하신 한국사 인강 선생님들의 도움을 받아 주경야독한 끝에 마침내 2015년 5월에 중급, 8월에는 고급 자격증을 획득하게 되었습니다. 그야말로 놀라운 쾌거를 이룩한 거예요.

그런데 기쁨의 순간은 너무나 짧았어요. 왜냐고요? 이듬해 또다른 시련이 저를 기다리고 있었거든요.

"한국사 1급 자격증도 있는데 아들 기말고사 한국사 좀 가르쳐주지? 90점 넘게 해주면 다음 달 용돈 10만 원 더 줄게!"

그때까지만 해도 저는 가족 간에 절대 하지 말아야 할 것이 '운전 연습' 하나뿐인 줄 알았는데요. 아니더라고요. 중1도 중3도 아닌 한국의 중2 학생에게 시험 준비를 시키는 것은 그보다 몇 배나 어렵고 힘든 고난의 길이더군요.

결국 이 책은 한국사능력시험을 준비하며 몸소 체험했던 역사

공부의 어려움을 '광고인의 크리에이티브로 해결할 수 없을까'라는 실로 엉뚱한 발상과 본의 아니게 중2 아들을 직접 가르치며 틈틈이 메모해두었던 '철저히 학생의 입장에서 쉽고 재미있게 배울 수 있는 역사 기억법이 토대'가 되어 탄생한 뜻하지 않은 결과물입니다.

"역사는 암기해야 한다." vs. "역사는 이해해야 한다."

여러분은 위 두 개의 주장 중 어느 쪽이 옳다고 생각하세요?

한 가지 예를 들어보겠습니다.

우리는 사람을 사귈 때 제일 먼저 상대방의 이름과 사는 곳, 말투와 행동, 특징을 기억한 다음, 생일과 기념일, 또 좋아하는 것과 싫어하는 것 같은 기본적인 것들을 머릿속에 저장하는 과정을 거칩니다. 그러면 그 사람의 전체적인 모습이 그려져 한층 가깝게 느껴지고, 그 후 만남과 대화를 나눌수록 좋아하는 감정이 쌓여 비로소 그의 생각까지 이해하게 되지요.

저는 역사 공부도 사람을 사귀는 과정과 비슷하다고 생각합니다. 기본적인 역사적 사실과 해당 연도, 주요 인물을 기억해두면 우리 역사에 대한 기초적인 뼈대가 만들어지는데요. 그 과정을 통해서 어느 순간 역사의 큰 흐름이 보이는 기분 좋은 설렘을 경험하게 됩니다. 그리고 나서 이 설렘을 무기삼아 역사책을 자주 읽고 만나다 보면, 나도 모르게 역사가 좋아지고 더 나아가 사랑하고 이해하게 되는 순간을 경험할 수 있습니다. 암기와 이해는 역사를 공부할 때 떼려야 뗄 수 없는 관계인 탓입니다.

저는 이 책을 통해 앞에서 말씀드린 '역사 공부가 쉽고 가깝게 느껴지는 기분 좋은 설렘'을 여러분께도 꼭 전해드리고 싶습니다. 주위를 둘러보면 분명 잘 쓰이고 잘 만들어지고 설명도 잘된 역사 교과서와 참고서들이 많이 나와 있습니다. 하지만 그 방대한 양과 내용에 지레 겁을 먹거나 '역사는 암기 과목'이라는 고정관념에 사로잡혀 역사 공부의 길을 제대로 찾지 못하는 사람도 참 많습니다. 그런 분들 모두가 "어라, 역사를 이렇게 쉽고 재미있게 공부할 수도 있구나!" 하는 작은 감동과 동시에 "웬일인지 역사를 더 깊이 알고 싶어졌어"와 같은 기분 좋은 설렘을 느낄 수 있도록 돕고 싶습니다.

첫째, 1시간 만에 한국사 책 한 권을 다 읽었다는 뿌듯함!
둘째, 필요한 내용을 암기하다 보니 한국사의 흐름을 알게 되었다는 자신감!

이 책을 통해 이 두 가지만 얻게 되더라도 앞으로 한국사를 공부하고 수업을 들을 때 이전과는 분명 다른 자신감을 갖게 될 것이라고 저는 확신합니다.

부족한 글을 감싸주는 데 그치지 않고 책에 생명력까지 불어넣어준 동료 남운협 작가에게 고마움을 전합니다. 앞으로도 변함없이 좋은 광고, 대중의 기억에 선명하게 남을 광고를 함께 만들면서 더 큰 우정을 나누었으면 좋겠습니다. 엉뚱한 발상에서 시작된 작업을 알차고 좋은 책으로 마무리해주신 푸른들녘의 편집자님과 디자이너님에게도 고마움을 전합니다. 또한 이 책을 선택해서 끝까지 읽어주신 독자 여러분께 공부의 즐거움과 무한한 행운이 '지긋지긋하게 함께하길^^' 바랍니다.

2017년 11월
역사의 팩트를 임팩트 있게 기억시켜
독자에게 확실한 메리트를 주고 싶은
카피라이터 안규

팩트와 고증이 재미를 만나면
즐거운 공부가 된다!

"이순신 장군과 태종 이방원이 피처링 하는 역사책이요? 와우! 그림으로 그리면 정말 재미있겠네요!"

타임 슬립과 패러디가 난무하는 재미있는 역사책! 『트와이스 한국사』의 그림 작업은 이렇게 즐겁게 시작되었습니다. '역사책'이라 하면 대부분 '지루하다'라고 생각하고, '역사 공부'라 하면 대개 '외울 게 많고 어렵다'라는 선입견을 품게 마련입니다. 저 또한 그랬습니다. TV에서 방영해주는 대하드라마나 픽션이 가미된 사극을 주로 시청했을 뿐 역사책에는 선뜻 손을 뻗지 않았거든요. 이것저것 읽다가 중간에 포기한 적도 많고요.

그런데 왜 우리는 영상을 통해 역사 속 사건을 대할 때 흥미를 느낄까요? 예, 바로 '재미'라는 요소 덕분입니다. 취미가 되었든 일이 되었든 재미를 느끼면 어떤 것이든 즐겁게 마무리할 수 있습니다. 저도 이번 작업을 통해서 재미를 많이 느꼈습니다. 주어진 시간 내에 마감하는 업무로서의 작업을 할 때보다 더 많이 즐겁고 흥미로웠습니다. 물론 역사는 재미라는 요소만 가지고 접근할 수 없습니다. 자칫 지나치게 가벼워질 수 있으니까요. 팩트는 팩트대로 서술하고, 그 팩트를 제대로 고증한 뒤에 재미 요소를 부가해야만 단순한 오락이 아닌 즐거운 공부가 될 수 있습니다.

저는 이번 작업을 위해 역사 공부를 열심히 했습니다. 처음에는 그저 "글을 뒷받침하고 설명하는 정도의 삽화를 그리면 되겠지"라고 생각했는데요. 글을 받아 고민하다 보니 "그림은 그림대로 한 번 더 비틀어서 재미를 주면 어떨까?" 하는 욕심이 생기더군요(그래서 트와이스 한국사가 제목이 되었다는…). 뒤늦게 역사 공부에 열정을 불태운 배경입니다.

그 후 저는 한 컷 한 컷 그릴 때마다 인터넷을 뒤지고 역사책을 체크하며 사건의 배후를 캐고, 등장인물의 캐릭터를 분석하고, 시대적 상황을 면밀히 조사했습니다. 재미만 부각시키려다 혹여 잘못된 정보를 제공하거나 왜곡하게 되면 안 된다는 비장한 책임감마저 느끼면서요.

우리나라에는 실력 있는 그림 작가들이 엄청 많습니다. 그 분들이 열과 성을 다해 재미있게 표현한 만화 역사책도 많이 출판되어 있고요. 상황이 그러한지라 실은 걱정이 앞섰습니다. 하지만! 고민 끝에 "광고 디자이너 입장에서 표현할 수 있는 나만의 패러디 기법이나 유머를 가미해 좀 더 색다르고 차별화된 방법으로 역사 이야기를 표현해보자"라고 마음먹었습니다. 독자들이 이 책을 읽는 도중 한 번씩 '풉' 하고 웃을 수 있다면 좋겠다, 독자들에게 쉬어가는 지점을 마련해주고 싶다는 소망에 방점을 찍으면서요. 제 마음이 잘 전달되었으면 좋겠습니다.

몇 달 동안 본업과 병행하며 작업했던 『트와이스 한국사』가 드디어 여러분을 만나게 되었습니다. 보람이 컸던 만큼 아쉬움도 큽니다. "그 부분을 달리 표현했더라면…, 더 재미있는 요소를 넣었더라면…" 하면서 제 능력의 한계를 탓해봅니다. 그래도 한 가지 바람이 있다면, 다소 투박한 그림이지만 이 책을 통해 여러분이 역사 공부에, 아니 '역사 알기'에 조금이라도 재미를 느끼고 작으나마 도움을 얻어 가면 좋겠다는 점입니다.

재미있고 뜻 깊은 작업에 초대하여 제 마음껏 그림을 그릴 수 있도록 무모한(?) 권한을 주고, 작업 기간 동안 반짝이는 아이디어를 함께 나눈 안규 작가님, 이 책이 독자들과 만날 수 있도록 소중한 기회를 주신 푸른들녘 여러분께 무한한 감사를 드립니다. 마지막으로 이 책을 읽어주실 여러분께 엄청난 감사를 드리며, 대박 나서 2탄에서도 함께할 수 있기를 은근 슬쩍 기대해봅니다.

2017년 11월

재미난 꺼리를 찾아

캘리그라피, 일러스트, 디자인 사이를 어슬렁거리는

디자이너 남운협

차례

8년 주기설 | 삼국시대 불교의 전래 | 왜 삼국시대야? 우리 가야는 나라도 아니니? | 아리가또~ 고마워요 삼국♡ | 근데, 금관가야랑 대가야 중 누가 먼저야? | 중국은 고구려에게 세 번 졌수당 | 와우~ 삼국의 불상과 데칼코마니!

IV 남북국 시대 · 85

신라왕은 뼈부터 달라(feat.최치원과 통일신라 육두품 중창단) | "369, 369~5 상수리" 쉬운데! | 해동성국 발해 | 통일신라의 3대 스님들 | 견훤과 궁예, 우릴 빼놓으면 정말 섭하죠

V 고려시대 · 107

왕건이 세우고 성종이 완성한 고려 | 숫자로 읽는 고려사 이모저모 | 고려는 거란과 세 번 싸웠을 거란 얘기죠? | 꿈엔들 잊으리, 한 맺힌 몽고 | 고려는 불교를 too much 사랑해 | 대표적인 금수저와 흙수저, 김부식 vs. 묘청 | 또 다른 아픔, 100년 무신정권 | 고려 고종 vs. 조선 고종 아버지 | 아름답구나, 고려의 건축 | 고려 후기 트렌드는 몽골풍 | 노국공주여, 나도 곧 그대를 따라 가리다

요인 암살은 누가? | 일제강점기 통치 방식의 변화 | 장엄하고 비장했던 국내외 독립투쟁사 | 민족유일당운동의 결과물 '신간회' | 혼과 얼을 지켰던 민족주의 사학자들(feat.박은식&신채호)

구석기 하여가

(feat. 이방원)

강가의 막집인들 어떠하리

동굴·바위그늘인들 어떠하리

주먹도끼, 찍개, 긁개로 사냥, 채집하며 산들 어떠하리

70만 년 무리지어 이동하며 홍수아이와 평등사회 누리리라.

팩트 체크

☑ 구석기시대 : 약 70만 년 전에 시작

☑ 주거 : 강가의 막집, 동굴, 바위 그늘

☑ 도구 : 주먹도끼, 찍개, 긁개, 슴베찌르개

☑ 생활 : 사냥과 채집, 평등한 무리사회 ⇨ 이동생활

☑ 유적 : 홍수아이*

홍수아이 : 충북 청원 두루봉 동굴에서 발견한 키 1미터 10센티미터 정도의 구석기시대 어린아이 유골로 최초 발견자인 김흥수 씨의 이름을 따서 '홍수아이'라 칭한다.

신석기 일기

(feat.이순신)

일단....
밥먹고하자!!

움집 달 밝은 밤에 **중앙화덕** 옆에 홀로 앉아

빗살무늬토기 옆에 끼고 **조, 피, 수수** 먹던 차에

어디선가 들려오는 **애니미즘***, **토테미즘***, **샤머니즘*** 소리

기원전 8천 년 전 부족사회 족외혼*을 외치나니.

팩트 체크

- ☑ 신석기시대 : 기원전 약 8천 년경부터 시작
- ☑ 주거 : 움집(정착생활), 중앙화덕
- ☑ 유물 : 빗살무늬토기, 이른 민무늬토기, 뼈바늘과 가락바퀴, 조개껍데기 가면(원시적 종교의식이 행해졌음을 알 수 있음)
- ☑ 경작 : 조, 피, 수수
- ☑ 생활 : 농경과 목축 시작, 평등한 부족사회, 족외혼
- ☑ 신앙 : 애니미즘, 토테미즘, 샤머니즘

애니미즘 : 정령 숭배
토테미즘 : 동식물 숭배
샤머니즘 : 무당과 주술
족외혼 : 자신의 친족 범위 밖에서(族外) 배우자를 구함

청동기 포에버

(feat.정몽주 & B.C. 2333)

연관 키워드

#벼농사 #사유재산 #선민사상 #단군조선

#농기구(반달돌칼) #무기(비파형동검) #고인돌

이 몸이 죽고 죽어 **고인돌**과 **돌널무덤***에 묻혔어도

엄연히 **사유재산과 계급**이 있어

비파형동검,* **반달돌칼, 민무늬토기, 미송리식 토기** 가졌으니

제정일치* 단군왕검 향한 일편단심이야

홍익인간 정신으로 보답하리라.

팩트 체크

☑ **청동기시대** : 무기, 생산 도구와 같은 주요 기구를 청동으로 만들어 사용하던 시대. 석기 시대와 철기 시대의 중간 시대로, 중국에서는 은(殷)나라·주(周)나라가 이 시기에 해당하고 우리나라에서는 기원전 1천년경에 시작되었는데, 이때에 청동기의 사용으로 생산력이 향상되고 강력한 군대가 조직되어 강대한 왕국이 출현하게 되었다.

☑ **무덤양식** : 돌널무덤, 고인돌(고창, 화순, 강화 등 유네스코 세계문화 유산에 등재)

☑ **사회생활** : 사유재산과 계급발생, 벼농사 시작, 목축 발달, 지상가옥

☑ **유물** : 비파형동검, 거친무늬거울(청동기), 반달돌칼(간석기), 민무늬 토기, 미송리식 토기(평안북도 의주에서 첫 출토, 적갈색의 손잡이가 있는 토기)

☑ **사회** : 제정일치(단군-제사장, 왕검-정치 지도자)

☑ **사상** : 선민사상(고조선의 건국 시기는 B.C. 2333년)

돌널무덤 : 깬돌이나 판돌을 잇대어 널을 만들어서 쓴 무덤
비파형 동검 : 동양 현악기의 하나인 비파(琵琶) 모양의 구리 칼
제정일치 : 종교와 정치(祭政)가 하나를 이룸

철기 배틀
(feat.길재)

연관 키워드

#세형동검 #거푸집 #명도전 반량전 오수전 #널무덤 독무덤
#잔무늬거울 #다호리 붓

기원전 5세기경 **철기시대** 한반도를 둘러보니

세형동검*, **거푸집***, **명도전***, **반량전***, **오수전***

붓과 한자 사용, 널무덤, 독무덤 발견되고

농업 생산력은 증대하고 **정복 활동** 또한 **활발**하네

아, 어즈버 태평연월은 꿈이런가 하노라.

팩트 체크

☑ **철기시대** : 기원전 5세기경 시작

☑ **유물** : 세형동검, 잔무늬거울(청동기문화 발달), 거푸집(한반도에서 청동기를 직접 제작한 증거)

☑ **도구** : 철제 농기구, 철제 무기사용(농업 생산력 증대, 정복 활동 전개)

☑ **중국과의 교류** : 화폐 유통(명도전, 반량전, 오수전), 한자 사용(붓)

세형동검 : 가느다란 모양(細形)의 구리(銅) 칼(劍)
거푸집 : 만들려는 물건의 모양대로 속이 비어 있어 거기에 쇠붙이를 녹여 붓도록 되어 있는 틀
명도전 : '明(명)' 자가 새겨진 칼(刀) 모양의 돈(錢)
반량전 : '半兩(반량)'자가 새겨진 돈(錢)
오수전 : 중국 전한(前漢)의 무제 때에 쓰던 동전. 무게를 나타내는 '五銖(오수)'라는 문자를 넣은 것으로, 당나라 고조 때에 없앴다.

고조선의
사이 나쁜 두 형제

뭘
봐!

형 사상남

동생 사곡노

연관 키워드

#8조법 #한서 지리지

옛 고조선에 **사상남**과 **사곡노**라는 사이 나쁜 두 형제가 살았대.

형은 **질 나쁜** 범죄자였고, 동생은 그걸 벌하는 재판관이었지.

걸핏하면 **훔치고, 상처 입히고, 죽이는** 형에게 동생은 **노비살이, 곡물 배상**, 급기야는 **사형**을 선고했다지? 이 정도면 둘의 사이가 어느 정도로 나빴는지 짐작하겠지! 동생이 자기 마음대로 형에게 벌을 내린 거냐고? 아니! 고조선에는 총 8개의 법이 있었어. 그걸 **8조법**이라 칭했는데 동생은 그걸 바탕으로 형벌의 정도를 정한 거야. 8조법은 다 몰라도 사상남·사곡노 두 형제는 꼭 기억하자고! 그런 의미에서 형제의 이름에 숨겨진 비밀을 알려줄게.

사상남(형)	사곡노(동생)
사람을 죽인 자	사형에 처한다.
상처를 입힌 자	곡물로 배상한다.
남의 물건을 훔친 자	노비로 삼는다.

팩트 체크

☑ 고조선의 8조법 출처 : 중국의 〈한서〉 지리지에 8조법 중 3개만 전해짐

고조선의 원래
이름이 조선이라고?

기원전 2333년, 단군왕검이 이 땅에 **첫 번째 국가인 고조선**을 세웠어. **원래 이름은 조선**이었는데, 『삼국유사』를 쓴 일연(一然)이 단군신화에 나오는 조선(朝鮮)을 위만조선(衛滿朝鮮)과 구분하려는 의도에서 고조선(古朝鮮)이란 명칭을 처음 사용했고, 그 뒤에는 태조 이성계(李成桂)가 **역성혁명(易姓革命)으로 고려를 무너뜨리고 세운 조선과 구별**하기 위해서 이 용어가 널리 쓰이게 된 거야!

팩트 체크

☑ 단기 : 단군왕검이 고조선을 세운 기원전 2333년을 기원으로 삼는 것이 단기이다. 2017년을 단기로 환산하면 2333+2017=4350년이다.
(아하, 이래서 우리 역사를 5천 년 또는 반만 년 역사라고 하는구나)

☑ 서기 : 기원후. AD(Anno Domoni)라고 표시하며 '우리 주 예수 그리스도의 시대'라는 뜻이다.

역성혁명(易姓革命) : 왕조가 바뀌는 일. 중국에 있었던 유교 정치사상의 기본 관념 중 하나로 제왕이 부덕하여 민심을 잃으면 덕이 있는 다른 사람이 천명을 받아 왕조를 바꾸고 새로운 왕조를 세워도 좋다고 하는 사상이다. 고려 말 이성계에 의해 왕조의 성이 '왕씨'에서 '이씨'로 바뀌었음을 뜻한다.

고조선 다음은 위만조선, 그럼 아래조선은?

연관 키워드

#위만 #고조선 준왕 #우거왕 #한4군 #낙랑 진번 임둔 현도

우리나라의 **청동기시대는 기원전 10세기경부터**라고 해. 그러니까 **고조선은 대표적인 청동기 국가**지. 고조선은 곰(웅녀)과 함께 2천여 년을 행복하게 살고 있었는데 **기원전 2세기 전후(B.C. 200년경) 중국 연나라**에서 **상투를 틀고**(그래서 우리 민족 맞대) 고조선으로 망명한 **위만**(성은 위, 이름은 만)이 **철기 무기로 무장하고 고조선의 준왕을 공격하여 새로운 나라인 위만조선을 세우게 돼**(청동기로는 철기 무기를 이길 수 없었지). 위만조선은 그렇게 고조선을 접수하고 **100년 가까이 중계무역으로 위세를** 떨치다 **기원전 108년, 위만의 손자인 우거지 아니 우거왕 때 한나라**(유방이 세운 나라) **무제의 공격**을 받고 몇 달을 버티다 끝내 **나라 문을 닫게** 된다네. 마침내 위만조선을 지배하게 된 한 무제는 고조선 영역에 **한4군**(낙랑, 진번, 임둔, 현도)를 설치하고, 법 조항을 60여 개로 늘리며 가혹하게 통치했다더군. 위만조선 아래엔 무엇이 있었냐고? **위만조선 멸망 이후 부여, 고구려, 옥저, 동예, 삼한 등 여러 나라의 성장**이 본격적으로 이 땅에서 이루어진다는 사실!(그러니까 '아래조선'이란 당근 없는 거야^^)

팩트 체크

☑ B.C. 5세기경 : 철기 문화 보급
☑ B.C. 194 : 위만 집권
☑ B.C. 108 : 고조선 멸망
☑ B.C. 1세기경 : 부여, 고구려, 옥저, 동예, 삼한 등장

트와이스 여행사와 떠나는 선사 유적 투어

1일차_구석기시대

가이드 : '트와이스 여행사'를 찾아주신 여러분, 감사합니다. 첫날은 구석기
시대 관광이에요. 충북 청원 두루봉동굴로 가서 흥수아이를 만난 후,
충남 공주 석장리에 들러 뗀석기*를 가지고 경기 연천 전곡리 아슐
리안* 계통의 주먹도끼와 비교해보는 시간을 갖겠습니다.

학생들 : 상원 검은모루동굴은 안 가나요? 코뿔소의 뼈를 볼 수 있다던데요?

가이드 : 거긴 평양이라 통일되면 가볼게요. 죄송해요!

알쓸역팁(알아두면 쓸데 있는 역사공부 팁)

- 구석기시대 주요 유적지와 유물 : 청원 두루봉동굴(흥수아이), 공주 석장리(뗀석기),
  연천 전곡리(아슐리안 계통의 주먹도끼), 상원 검은모루동굴(코뿔소의 뼈)

뗀석기 : 떼어낸 돌로 만든 도구
아슐리안 : 전기구석기시대의 대표적인 석기문화로 주먹도끼문화와 찍개문화를 든다. 아슐리안문
화는 이 주먹도끼문화를 대표하는데, 프랑스의 성(聖) 아슐(St. Acheul)에서 다량의 주먹도끼가 발
견되면서 붙은 이름이다.

알쓸역팁

• 신석기 주요 유적지와 유물 :
• 서울 암사동 (조, 피, 수수,
  빗살무늬토기, 돌도끼,
  돌낫, 보습, 움집), 부산
  동삼동(이른 민무늬토기와
  덧띠무늬토기)

2일차_신석기시대

가이드 : 어제 구석기 관광은 즐거우셨나요? 오늘은 신석기 투어입니다. 서
울 암사동에서 조, 피, 수수로 아침을 먹고, 빗살무늬토기, 돌도끼,
돌낫, 보습*을 구경한 후 움집에서 기념촬영을 할 거예요. 그리고
KTX를 타고 부산 동삼동으로 가서 이른 민무늬토기와 덧띠무늬토
기를 살펴보겠습니다.

학생들 : 관광기념품은 뭐가 좋아요??

가이드 : 조개껍데기 가면, 동물 모양의 조각품, 치레걸이 등을 추천해요. 가
락바퀴랑 뼈바늘, 바늘통은 좀 비싸요.(ㅠㅠ)

보습 : 쟁기, 극젱이, 가래 따위 농기구의 술바닥에 끼우는, 넓적한 삽 모양의 쇳조각. 농기구에
따라 모양이 조금씩 다르다.

3일차_청동기시대

가이드 : 어제까지 식사가 좀 부실했죠? 정말 죄송해요. 오늘은 벼농사로 재배한 청동기 특식인 쌀을 대접하겠습니다.

학생들 : 에이, 맘모스터치 햄버거는 없나요?

가이드 : 여러분, 고인돌과 돌널무덤 옆에서 사진 많이 찍으셨나요? 비파형동검, 반달돌칼, 민무늬토기, 미송리식 토기 관람 후 직사각형과 원형 가옥의 구석에 위치한 화덕에서 점심을 먹겠습니다. 분위기 있겠지요?

학생들 : 민무늬토기는 어제 신석기 투어에서도 봤는데요?

가이드 : 당근, 청동기시대에도 있답니다. 청동기시대와 구분하기 위해 신석기시대 유물은 이른 민무늬토기라 부르지요. 그리고 단군왕검과 함께 찍은 인증샷을 제출하시면 기념품으로 거친무늬거울을 드리니 꼭 받아가세요.(^^)

거친무늬 거울

알쓸역팁

- 청동기시대 주요 유적지와
  유물 : 고인돌, 돌널무덤,
  비파형동검, 반달돌칼,
  민무늬토기, 미송리식 토기,
  직사각형과 원형 가옥, 구석에
  위치한 화덕

4일차_철기시대

가이드 : 오늘 창원에서는 무엇을 보셨죠?

학생들 : 다호리 붓(한자 전래)이요.

가이드 : 또 어떤 게 기억에 남았나요?

학생들 : 명도전, 반량전, 오수전….

가이드 : 하하, 역시 돈이 최고인가 봐요? 지금도 중국이 중요한 교역국이지만, 철기시대에도 역시 중국과의 교류가 중요했다는 뜻이겠지요. 3박 4일 동안 선사시대 여행을 함께해주셔서 고맙습니다. 건강한 모습으로 다음 번 삼국시대 투어에서 다시 만나길 바라요.

명도전

> **알쓸역팁**
>
> • 철기시대 주요 유적지와 유물 : 다호리 붓, 검은 간토기, 세형동검, 잔무늬거울, 명도전, 반량전, 오수전, 널무덤, 독무덤

반량전

오수전

제천행사가
너무나 부러워(feat.옥저)

연관 키워드

#제천행사 #수릿날 계절제

동무, 어영**부영** 일하지 말라우.

뱃**고동** 소리 울리기 전까지 끝내야

삼한 사람들이 **수릿날**,* **계절제**를 두 번 즐길 수 있단 말이지비.

그럼, 우리 **옥저**는?

고구려에 어물과 소금, 해산물 등 공물 바치기 바빠서

제천행사*를 즐길 여유가 한 개도 없드래요.

팩트 체크

☑ **동예 : 무천(10월)***

☑ **부여 : 영고(12월)***

☑ **고구려 : 동맹(10월)***

☑ **삼한 : 수릿날(5월), 계절제(10월)**

☑ **옥저 : 제천행사 없음**

수릿날 : 단오. 음력 5월 5일로 단오떡을 해 먹고 여자는 창포물에 머리를 감고 그네를 뛰며 남자는 씨름을 한다.
제천행사 : 하늘에 제사(祭天)를 지내는 행사
무천 : 농사를 마치고 음력 시월에 행하던 제천 의식. 하늘(天)에 제사를 지내고 밤낮으로 술을 마시며 춤(舞)과 노래를 즐겼다.
영고 : 북(鼓)을 두드리며 12월의 신을 맞이하는(迎) 행사라는 뜻. 이 행사 중에는 처벌과 투옥을 금하고 죄수들을 놓아주기도 하였다.
동맹 : 해마다 10월에 지내던 제천 의식. 일종의 추수감사제이다.

여러 나라라
풍습도 제각각

연관 키워드

#데릴사위제 #서옥제 #민며느리제 #책화 #1책12법
#형사취수제

우리 **고구려**는 예로부터 남자들의 용맹한 기상으로 이름이 높지.

그래서 튼튼한 **남자아이**를 미리 **사윗감**으로 점찍어 **데리고 사는 데릴**

사위제(서옥제)가 주요 풍습이라네.

그래? 이가 갈리는 고구려 놈들! 그럼, 우리 **옥저**는 무조건 고구려와

반대로 해야지. 똘똘한 **여자아이**를 미리 **며느릿감**으로 점찍어 **데리고**

사는 민며느리제를 시행하도록 하라!!

못난 놈들(ㅉㅉ), 우리 **동예**는 그런 결혼 풍습은 취급 안 해. 대신 **다른**

부족과 결혼하는 **족외혼**을 권장하고, 남의 부족을 함부로 침범하면

엄하게 죄를 물어 **노비와 소, 말 등으로 변상**하는 **책화***를 시행한다네.

팩트 체크

☑ 삼한 : 제정분리(소도)

☑ 부여 : 형사취수*, 순장*, 1책 12법*

책화 : 마을 사이의 경계를 침입하였을 때에, 노예·소·말 따위로 배상하던 벌칙
형사취수 : 형이 죽으면(兄死) 동생이 형수를 부인으로 삼는(娶嫂) 혼인제도로 재산 상속과 관련이 있다.
순장 : 지배자가 죽으면 산 사람을 함께 묻는(殉葬) 가혹한 제도
1책 12법 : 남의 물건을 한 번(一) 훔치면 그 책임(責)을 물어 12배(十二)로 배상하는 제도

소도는 군장도 출입이 금지되었지 말입니다!

연관 키워드

#제정분리 #소도 #솟대신앙 #후한서
#마한 #변한 #진한

여러 나라 중 하나인 **삼한**(마한, 변한, 진한)은 **왕이 아닌 군장***이 다스리는 나라이자 제정분리 사회***였어. 즉, 삼한은 제사와 정치가 엄격히 분리되었던 나라였지. 그래서 **소도***에는 최고 권력자인 군장도 함부로 출입할 수 없었대. 죄인이 도망치다 들어가도 잡을 수 없었지. 반드시 제사장의 허락을 받아야 했거든. 그러니까 소도는 소도 죄인도 용서받을 수 있는 곳이라고 외우면 되겠지?

팩트 체크

☑ **솟대신앙 :** 소도는 삼한시대 천신에게 제사를 지내던 특별한 곳으로 이곳에 있는 솟대 모양의 특별한 상징물을 통해 질병과 재앙이 없기를 바라는 뜻에서 기원한 신앙을 일컫는다. "죄인이나 나라가 망하여 도망간 사람들이 소도에 이르면 이를 잡지 못한다"라는 기록이 중국 후한서에 전해진다.

군장 : 원시 부족 사회의 우두머리
제정분리 사회 : 제정일치는 고조선의 단군왕검
소도 : 소도(蘇:되살아나다, 塗:바르다)란 삼한 때에, 천신(天神)에게 제사를 지내던 성지(聖地)이다. 여기에 신단(神壇)을 설치하고, 그 앞에 방울과 북을 단 큰 나무를 세워 제사를 올렸는데, 죄인이 이곳으로 달아나더라도 잡아가지 못했다. 후대 민속의 '솟대'가 여기에서 기원한 것이라 한다.

부여 샤우팅
"마가우 가저가구~가!"

부여는 왕이 있는 부족을 중심으로 동서남북을 다스리는 4개의 부족이 함께 모여 만든 **5부족 연맹국가**야. **동서남북 4개의 부족**을 일명 **사출도**[*]라고 부르는데 이들이 모여서 함께 외치는 샤우팅이 엄청 유명하지.(^^) 한번 들어볼래?

"마가우가저가구가, 마가우가저가구~가, 마가우가저가구~~가!"

어때, 듣기만 해도 왠지 으스스하지 않아? 그런데 이걸 요즘 말로 풀어보면 굉장히 귀여워. 바로 이런 뜻이거든!

"말—소—돼지—개, 말(마가)—소(우가)—돼지(저가)—개(구가)!"

팩트 체크

☑ 고구려에는 여러 개의 '가'가 모여 하는 회의라는 뜻으로 '제가회의'[*]가 있었다.

("이번 고구려 회의는 '제가' 할게요")

사출도 : 고대 부여의 네 행정 구역. 마가(馬加), 우가(牛加), 저가(豬加), 구가(狗加)의 사가(四加)가 한 도(道)씩 맡아 다스렸다.

제가회의 : 고구려 때 주요한 나랏일을 논의하고 심의, 의결하던 부족장 회의다. '가(加)'는 벼슬 이름이라는 뜻이다.

정사암 : 백제 때에, 정치를 논의하고 재상을 뽑던 곳. 사비 근처의 호암사에 있었다는 바위로 재상 후보의 명단을 붙여 놓으면 적격자의 이름 위에 사람의 발자취가 생겼다고 한다.

화백회의 : 신라 때에, 나라의 중대사를 의논하던 회의 제도. 의결 방법은 만장일치제. 처음에는 경주의 육촌(六寸) 사람들의 회의였으나 뒤에는 진골 이상의 귀족들의 회의로 변했다.

옥저의 아픔을
알게 된 동예

연관 키워드

#과하마 #단궁 #반어피 #동예 #삼국통일

(장소: 강원도 북부 해안가에 위치한 동예의 왕궁)

신하1 : 전하, **고구려**의 사신이 **조공**을 요구하고 있사옵니다.

동예 King : 뭣이라? 가까운 옥저 놔두고 왜 우리에게!

신하2 : 옥저는 더 이상 줄 게 없어 우리 **동예**를 찾아온 것 같습니다.

동예 King : 그래, 놈들이 바라는 게 무엇이더냐?

신하1 : **단궁**[*], **반어피**[*], 그리고 **과하마**[*]이옵니다.

동예 King : 아니, 내가 아끼는 **과일나무 아래로 지나는 작은 말**까지

　　　　　 내놓으라고? 아무리 생각해도 그건 좀 **과하마(果下馬)**!

신하2 : 요구한 물품을 바치지 않으면 쳐들어오겠다고 합니다.

동예 King : 힘만 세고 무식한 고구려 놈들, 어서 주고 돌려보내라! 놈

　　　　　 들이 삼국통일을 하면 내 손에 장을 지질 것이야!

팩트 체크

☑ **동예의 주요 특산물** : 단궁, 반어피, 과하마

단궁 : 박달나무(檀)로 만든 활(弓)
반어피 : 바다표범(班魚)의 가죽(皮)
과하마 : 사람을 태우고서 과실나무(果) 가지 밑으로(下) 지나갈 수 있는 말(馬이)라는 뜻으로,
키가 몹시 작은 말을 이르는 말. 고구려와 동예에서 났다고 한다.

한강's 러브레터

나 한강을 사랑하는 이에게는 전성기가 따르리니

4세기 백제 근초고왕 나의 첫사랑

5세기 고구려 장수왕 나를 아껴주시고

6세기 신라 진흥왕 순수한 맘으로 나를 흠모하셨네

나 한강, **백고신** 아니 고무신 거꾸로 신지 않고

이제부터 영원토록 대한민국과 함께하겠소!

PS. **근초고왕**님, 날 그토록 사랑한다면서 왜 **일본**에만 **칠지도***를 **하사** 하시었소? **진흥왕**님은 보기보다 순수하시어 **순수비***를 많이 세워주셨 거늘! 나 한강을 사모하는 자 차례로 전성기를 구가했으나, 그대들 **삼 국이 세워진 순서**(신라 →고구려 →백제)는 내 사랑의 순서(백제→고구려 →신라)와 정반대라는 사실이 서글프기 그지없사옵니다!

팩트 체크

☑ 진흥왕 : 신라 제24대 왕(534~576). 한강 하류 지역을 빼앗아 삼국 통일의 기반을 마련하였고, 변경에 순수비와 척경비*를 세웠다.

☑ 진흥왕 순수비(巡狩碑) : 마운령비, 황초령비, 북한산비, 창녕순수비. 단양 신라 적성비는 진흥왕 시기에 세워졌으나 순수비가 아니다.

칠지도 : 일곱 개의 가지가 달린 모양을 한 칼
순수비 : 임금이 직접 살피며 돌아다닌 것(巡狩)을 기념하기 위해 세운 비석
척경비 : 영토(境) 확장(拓)을 기념하기 위해 세운 비석

거차 이마왕,
박혁거세?

연관 키워드

#신라장군 이사부 #독도는 우리 땅 #우산국 #지증왕 업적

아니 몇 번을 말해야 알아들어요?

난 이마왕이 아니라 박치기왕이라고요.

거참, 이마왕은

신라에 가서 지증왕*에게나 물어보세욥!

팩트 체크

☑ 신라의 왕호 변경 순서 : **거**서간*→**차**차웅*→**이**사금*→**마**립간*→**왕**(King)

☑ 6세기 초 신라 지증왕의 업적 : 왕호를 마굿간(쏘리^^)··· 마립간에서 왕으로, 국호를 신라로 변경했다. 이사부를 시켜 우산국(울릉도)을 복속시켰다.

지증왕 : 6세기 개혁군주의 등장(독도, 우산국 정벌, 신라장군 이사부), '왕'이라는 호칭 사용, 국호를 '신라'로 하고 본격적인 국가의 기틀을 다지다.

거서간 : 신라의 시조 박혁거세의 왕호

차차웅 : 신라 남해왕의 칭호. 무당을 뜻하는 말로, 제정일치 시대 수장(首長)임을 나타낸다.

이사금 : 신라 때 임금의 칭호의 하나. 이것은 '치리(齒理)'라는 뜻으로, 이가 많은 사람, 즉 연장자가 지혜로운 사람이라는 말에서 유래한다. 『삼국유사』에 제3대 유리왕 때부터 제18대 실성왕 때까지 썼다고 전한다.

마립간 : 신라 때에, '임금'을 이르던 말. 『삼국사기』에는 눌지왕 때부터 지증왕 때까지, 『삼국유사』에는 내물왕 때부터 지증왕 때까지 이 칭호를 사용했다고 기록하고 있다.

슬픈 왕을
애도하며1_고구려

원통하다! 고구려 고국원왕

백제 근초고왕 공격으로 평양성에서 전사하니

증손자 장수왕이 그 원수를 갚을쏘냐?

팩트 체크

☑ 태조왕과 고국천왕 : 고구려의 성장기를 이끌었다.

☑ 고국원왕 : 4세기 중반(371년) 백제 근초고왕의 공격으로 전사하는데, 고구려의 왕이 외적의 침입으로 죽은 유일한 사례다(이 말은 즉 백제의 전성기였다는 뜻).

☑ 소수림왕 : 개혁기를 이끌었다(율령* 반포, 불교 공인, 유학 장려, 태학 설립).

☑ 광개토태왕과 장수왕 : 5세기 고구려 전성기의 주인공. 광개토태왕은 만주 지역으로 영토를 확장했다. 광개토태왕릉비, 호우명그릇을 기억하자. 장수왕은 평양으로 천도하여 남하정책을 추진했다. 중원고구려비를 기억하자.

율령 : 고대 사회의 법률과 명령 체제. '율'은 형법, '영'은 제도에 관한 규정과 행정법이다.

슬픈 왕을
애도하며2_백제

연관 키워드

#개로왕 장수왕 #고이왕 업적 #무령왕 22담로제

개로워라! 백제 개로왕

한 맺힌 장수왕의 공격으로 한성에서 사망하니

이후 백제는 수도까지 옮겼구나!

팩트 체크

- ☑ 고이왕 : 3세기 백제의 고대국가로서의 기틀을 잡았을 뿐 아니라 LTE급으로 시스템 정비(공복 지정, 관등 정비)
- ☑ 근초고왕 : 4세기 백제의 전성기를 구가하다. 요서지방, 왜의 규슈지역으로 진출했고, 위로는 고구려, 아래로는 마한 병합, 가야 압박까지 승승장구하다. 칠지도를 기억하자.
- ☑ 침류왕 : 불교 수용 및 공인
- ☑ 개로왕 : 5세기 후반(475년) 한성에서 웅진(공주)으로 수도를 옮김
- ☑ 무령왕 : 웅진시대의 왕 중 대표적 인물(22담로*제, 벽돌무덤)
- ☑ 성왕 : 사비천도, 사비시대 개막. 백제의 중흥기를 구가했으나 신라의 진흥왕과 한강 유역 지배권을 놓고 다투다 관산성 전투에서 안타깝게 전사했다.

22담로 : 백제 초기, 왕자나 왕족을 파견하여 다스리던 지방 행정 구역. 전국에 22개를 두었다.

슬픈 왕을
애도하며3_신라

100년간 나제동맹*으로 호형호제 외쳤는데

한강이 무엇이기에 그대 **성왕**을 배신했냐고?

왕의 길엔 우정보다 진한 백성 사랑이 있거늘

나 **진흥왕** 오직 국익만을 생각했다 탓하지 말게나!

팩트 체크

☑ 내물왕 : 4세기, 원래 호칭은 내물마립간. 김씨 세습이 시작되다.

☑ 법흥왕 : 율령 도입, 불교 공인,

☑ 진흥왕 : 6세기 신라의 전성기를 이끌었던 인물. 화랑도를 국가조직으로 개편, 성왕을 배신하고 한강 유역 점령, 관산성 전투. 순수비와 단양 적성비를 기억하자(마운령비, 황초령비, 북한산비는 덤).

나제동맹(羅濟同盟) : 5세기 삼국시대에 신라와 백제가 고구려의 남진(南進)을 막기 위해 맺은 동맹이다. 백제 비유왕 6년(433)에 시작하여 신라 진흥왕 14년(553) 한강 하류 지역에 대한 쟁탈전이 있기까지 약 120년간 계속되었다.

육육공부터
삼국통일 8년 주기설

통일한 사람은 나당!!

• 기벌포

연관 키워드

#성골 진골 #태종무열왕 김춘추 #문무왕 #매소성 전투
#기벌포 해전

혹시 여러분 중에 **신라 진골**[*] **출신의 첫 번째 왕**인 **태종무열왕 김춘추**가 삼국을 통일한 걸로 알고 있는 친구들은 없겠죠? **삼국통일은 김춘추가 기반**을 다지고 **아들**인 '**문무왕**'이 **실현**했다는 사실, 반드시 기억하자고요.^^

여기서 알아둘 또 하나의 사실! **육육공(660년)부터 시작된 8년 주기설**을 기억하면 암기하기 쉬워요. 그러니까 **660년 백제 멸망**(8년 후) ➡ **668년 고구려 멸망**(8년 후) ➡ **676년 신라 삼국통일** [매소성(경기도 연천 인근), 기벌포(지금의 금강)에서 펼쳐진 나당전쟁 승리!] ➡ 8년 후 684년? 몰라도 됩니당. ㅋ

팩트 체크

☑ **매소성 전투** : 나당 전쟁 당시 675년 신라와 당나라가 매소성에서 벌인 전투이다. 신라는 이 전투에서 당나라 20만 대군을 격파하여 그간의 패배를 만회하고 나당 전쟁의 전세를 역전시키는 데 성공했다.

☑ **기벌포 해전** : 676년 11월 , 금강 하구인 기벌포(현 충청남도 서천군 장항읍)에서 신라의 해군이 당나라 해군을 크게 무찌른 전투이다.

진골 : 신라 때에 둔 골품의 둘째 등급. 부계와 모계 가운데 어느 한쪽이 왕족인 사람이다. 성골은 골품의 첫째 등급으로 부모가 모두 왕계(王系)인 사람이다. 시조 혁거세부터 28대 진덕 여왕까지가 이에 속한다.

삼국시대
불교의 전래

연관 키워드

#고구려 전진 #백제 동진 #법흥왕 이차돈 #골품제

우리 **고구려**의 모토는 오로지 **전진, 또 전진뿐!**

불교도 **전진**에서 받아들이도록 하라.

뭐? 고구려가 전진에서 불교를 전수했다고?

그럼 우리 **백제**는 **동진**이다.

나의 소울메이트 **이차돈**이여!

순교한 그대의 뜻을 받들어

나 **신라** 법흥왕도 불교를 공인하겠소!

팩트 체크

☑ 고구려 : 4세기 후반(372년), 고구려 소수림왕이 중국의 전진에서 불교를 수용했다. 덤으로 율령도 반포하여 국가체제를 정비한다.

☑ 백제 : 4세기 후반(384년), 백제 침류왕은 중국의 동진에서 불교를 수용한다. 율령을 반포한 것은 고이왕이다.

☑ 신라 : 6세기 전반(527년), 신라의 법흥왕이 불교를 공인했다. 율령을 반포하고, 골품제*를 정비했는데, 그 결과 왕권강화까지 한 방에 목표 달성!

골품제 : 출신 성분에 따라 골(성골, 진골)과 품(6~1품)으로 등급을 나눈 제도

왜 삼국시대야?
우리 가야는 나라도
아니니?

연관 키워드

#구지가 #김수로왕 #가야금 명인 우륵 #사국시대

고구려, 백제, 신라 (함께 말하길)

가야 부족연맹들아? 형들이 딱 세 가지만 물어볼게.

이거 다했으면 이제부터 너희도 **국가**로 인정하마.

율령 반포 했니? **불교 수용** 했어? **왕권 강화** 됐니?

하나도 못했어요. (가야 왈)

고구려, 백제, 신라 (안타까워하며)

(ㅉㅉ)··· 그래서 너흰 국가가 아닌 게야, 저리 가~야!

팩트 체크

☑ 고대국가 성립 3대 필수 요소 : 율령 반포, 불교 수용, 왕권 강화

☑ 가야연맹왕국 : AD.42년~562년까지 520년간 존속

☑ 42년 : 부락민을 다스리던 9간(干)이 하늘에서 내려온 알 중 가장 먼저 깨어난 '수로'를 왕으로 추대하여 그가 가야국(금관가야)을 건국했다는 이야기가 『삼국유사』 「구지가」에 반영되었다.

☑ 199년 : 김해 김씨 시조 '김수로왕' 죽음. 김수로의 재위기간은 무려 157년! (이때부터 가야는 이미 100세 시대를?)

☑ 532년 : 금관가야, 신라(법흥왕)에 병합 ⇨ 551년 악사 우륵(가야금 명인) 신라에 투항 ⇨ 562년 대가야, 신라(진흥왕)에 통합

☑ 5세기 말에서 6세기 초 무렵, 대가야가 중앙집권을 추진하여 초기 고대국가 단계에 접어들었으므로 "가야 또한 국가로 인정하여 사국시대(四國時代)라 부르는 것이 맞다"라는 일부 학계의 견해도 있다.

아리가또~
고마워요 삼국♡

연관 키워드

#혜자 쇼토쿠태자 #담징 #왕인박사 #노리사치계 #한인의
연못 #스에키 토기 #아스카 문화 #호류사 금당벽화

일본 쇼토쿠 태자의 스승이 탤런트 김혜자 선생님이라 굽쇼? 아니, 김은 빼고 그냥 '혜자'야. 고담(고구려 담징)은 종이와 먹의 제조법을 전파했어. 일본의 호류사 금당벽화는 고구려의 영향을 받은 것으로 이것도 담징이 전수했지. 백제 아직기는 "아직도 한자를 모르는 미개한 국가가 있다니…" 하면서 한자를 전수했어. 뒤이어 왕인박사가 박사님답게 천자문과 논어를 보급했지. 놀이와 사치에 빠져 있는 불경스런 일본 지배층을 불쌍히 여겨^^(사실 아님ㅋ) 노리사치계는 불경과 불상을 보급했어. 신라는 조선술*과 축제술*(한인의 연못)을 전파했지! 신라는 모든 기술을 술술~ 넘겼어. 삼국의 찬란한 문화를 전수받고 의기양양해진 일본은 가야에 이렇게 말해! "이봐, 가야! 너희는 왜 아무것도 전파하지 않니? 언제 철들래?" "뭐라고? 우리만큼 철 많이 든 나라 있으면 나와 보라고 해! 좋아, 철을 수출하고 제철기술도 전수해줄게. 토기 만드는 기술도 알려줄 테니 잘 배워서 '스에키 토기'라도 만들어봐, 이 무지한 놈들아!"

팩트 체크

☑ 삼국 ⇨ 아스카 문화(한인의 연못, 백제가람)
☑ 통일신라 ⇨ 하쿠호 문화

조선술 : 배(船) 만드는(造) 기술
축제술 : 제방(堤)을 쌓는(築) 기술

근데, 금관가야랑
대가야 중 누가 먼저야?

정말로 헷갈리는 문제 중 하나입니다.

정답은 바로 제목에 힌트가 있어요.

순서대로 **근**(금관가야) **데**(대가야)! 이렇게라도 외워두자고요.^^

전기 가야연맹은 **금관가야** 중심, 금관은 지금의 **김해 지역** (김)씨 중 가장 많은 김해 김씨를 기억하면 되겠죠?

후기 가야연맹은 **대가야** 중심, 위치는 지금의 **고령 지역**이에요.

팩트 체크

☑ 금관가야 : 광개토태왕의 왜구 격퇴로 몰락의 길을 걷게 되었다.
☑ 신라 법흥왕 : 금관가야 병합
☑ 신라 진흥왕 : 대가야 멸망. 결론은 "가야가 신라에 진대!"(진흥왕 대가야 정복)

일본의 임나일본부설 : 일본의 야마토 정권이 4세기 후반 한반도 남부로 진출하여 백제와 신라, 가야를 정벌하고, 가야에 일본부(日本府)라는 통치기관을 설치하여 6세기 중엽까지 직접 통치했다는 어이없는 주장이다.

중국은 고구려에게 세 번 졌수당

연관 키워드

#수 문제 #수 양제 #당 태종 #살수대첩 #안시성전투
#7세기 십자외교

6~7세기, 중국은 고구려를 정복하기 위해 엄청난 노력을 기울였어.

가장 먼저, **수나라!**

수 문제가 침입해오지만 **문제는 589년에 격퇴** 당했다는 사실. 아들 **양제**가 원수를 갚기 위해 또 쳐들어오지만, 한 번 졌던 수나라 군사들의 사기는 많이 꺾여 있었지.

"이번엔 **을지문덕**이라는 명장이 있다던데 우리가 **살 수** 있으까, 없으까?"

그들의 우려대로 수나라는 **살수대첩(612년)**에서 **을지문덕 장군**에게 **전멸**당해서 대부분이 살 수 없었지.(ㅠㅠ)

그다음엔 **당나라!**

당 태종이 엄청난 병력을 이끌고 다시 쳐들어와.

"이번 원정, **연기**하면 안 될까? 무서운 **소문**이 돌던데…"

아니나 다를까, 연기소문… 아니 **천리장성**을 쌓고 기다리던 **연개소문**에게 **안시성 전투(645년)**에서 지고 쓸쓸히 물러나지!

팩트 체크

☑ 7세기 국제 역학 관계 : 십자외교(돌궐+고구려+백제+왜 vs. 당나라+신라)

☑ 660년 : 나당 연합군 백제 정복

☑ 668년 : 나당 연합군 고구려 정복

와우~ 삼국의
불상과 데칼코마니!

VS 연가 7년명
금동 여래입상

석조여래
삼존입상 VS

VS 금동미륵보살
반가사유상

그림을 봐도 이름이 기억나지 않는 삼국의 불상들

이렇게 비교해서 외우면 정말 쉬워요!

고구려의 **목도리도마뱀 여래입상** (고목여)

⇨ 목도리 도마뱀 vs. 연가 7년명 금동여래입상

신라의 **병마용갱 삼존입상** (신병삼)

⇨ 진시황릉 병마용갱 vs. 석조여래 삼존입상*

마지막으로 하나 더! **삼국시대 생각하는 사람 반가사유상** (삼생반)

⇨ 로댕의 생각하는 사람 vs. 금동미륵보살 반가사유상

팩트 체크

☑ 백제 : 서산 마애여래 삼존상
☑ 통일신라 : 석굴암 본존불
☑ 발해 : 이불병좌상*

석조여래 삼존입상 : 하나의 본존상과 두 개의 협시상을 합친 삼존(三尊)이 서 있는 조각상. 본존을 가운데 두고 부처를 좌우에서 가까이 모시는 보살을 세웠다. 1923년 현재와 같이 복원했다.
이불병좌상 : 두 개의 불상(二佛)이 나란히 앉아(竝坐) 있는 상(像)

트와이스 여행사와 떠나는 삼국시대 투어

1일차_고구려

가이드 : 여러분, 다시 만나서 정말 반가워요. 지난 선사유적 투어 때 봤던 분들이 많이 보이네요. 이번 여행은 '삼국시대 투어'입니다. 첫날은 고구려부터 방문해볼까 합니다. 여러분은 고구려 하면 어떤 왕이 제일 먼저 기억나세요?

학생들 : 광개토대왕, 장수왕이요.

가이드 : 예, 두 분은 아버지와 아들 사이고 5세기 고구려의 최고 전성기를 만든 훌륭한 왕들이죠. 신라 내물왕을 도와 가야와 왜의 연합군을 격퇴한 광개토대왕의 업적과 이를 기념하여 아들 장수왕이 만든 광개토대왕 호우명그릇, 수도를 평양성으로 옮기고 남하정책을 펼쳐 한강 유역까지 세력을 확대했던 장수왕의 업적도 오래오래 기억하시고요.^^

학생들 : 고구려에도 대학이 있었나요?

가이드 : 소수림왕이 만든 교육기관으로 태학이 있었답니다. 점심식사 후 고구려의 무덤들을 둘러볼까 해요. 산악지대라 돌이 무지 많았고, 용맹한 장군들도 많았죠. 그래서 돌무지무덤(장군총)부터 갈 거예요.

알쓸역팁

- 광개토대왕 : 영토 확장, 신라를 침입한 왜구 격퇴, 신라에 고구려 군대를 주둔시킴(광개토왕비, 호우명그릇)
- 장수왕 : 평양성 천도, 남하정책
- 태학, 돌무지무덤(장군총), 굴식돌방무덤, 무용총벽화, 사신도 (주작도), 고구려의 귀족회의(제가회의)

광개토대왕 호우명그릇

그러고 나서 굴식돌방무덤으로 가서 무용총벽화와 사신도(주작도)*
를 함께 구경하겠습니다.

학생들 : 저녁 땐 자유시간인 거죠?

가이드 : 아니에요. 고구려의 귀족회의를 경험해보는 시간을 가질 거예요. 진
행은 제가 할 거니까 제가회의로 기억하시면 더 쉽겠죠?

2일차_백제

가이드 : 어제 밤늦게까지 고구려 제가회의를 하느라 고생 많았어요. 오늘은
백제로 가보겠습니다.

학생들 : 백제는 한강 근처에서 만든 나라니까 오늘은 서울에 있겠네요? ^^

가이드 : 아니요, 백제는 수도를 많이 옮겨서 한성(또는 위례/서울) ⇨ 웅진(공주)
⇨ 사비(부여)로 이동하는 중부지방 관광이 될 거예요. 웅진에 들러 맛
있는 공주 밤을 간식으로 제공할 테니 기대 많이 하시고. 참, 1반에 한
웅사라는 학생 여기 왔죠? 이름이 특이해서 기억에 남는데, 그 친구
이름을 기억해두면 백제의 수도 이전 순서(한웅사)를 영원히 잊지 않
으실 거예요!

학생들 : 올~ 한웅사 한턱 쏴!! 그런데 백제에선 어떤 왕이 제일 유명해요?

가이드 : 당근 근초고왕이죠! 일본에 칠지도라는 칼을 하사하고 삼국 중 가
장 먼저 4세기에 한강 유역을 지배했거든요. 꼬~옥 기억하세요. 그
리고 무덤은 고구려와 같은 돌무지무덤(단, 계단식)과 굴식돌방무덤
인데요, 특이하게 무령왕릉은 벽돌무덤입니다.

학생들 : 오늘 밤엔 회의 없죠?

가이드 : 죄송하지만 이번 여행엔 매일 밤 회의가 있어요.(ㅋㅋ) 오늘밤에는

주작도 : 사신도(四神圖)는 고구려 강서리 고분의 벽화로 동쪽 벽의 청룡도, 서쪽 벽의 백호도, 남
쪽 벽의 주작도, 북쪽 벽의 현무도 등 4방위를 호위하는 신을 그린 벽화이다.

정사암이라는 바위에 모여 운치 있게 야외회의를 진행해볼까 합니다. 이름이 어렵다고요? 백제엔 백정이 많았다!(그건 잘 모르겠지만요) 그래서, 백제 정사암회의! 이렇게라도 기억해주세요!

3일차_신라

가이드 : 이틀간 회의에 참석하느라 수고하셨어요. 저녁회의는 오늘까지만 하고요. 내일부터는 회의가 없습니다.

학생들 : 야호~ 오늘 신라는 어디부터 관광해요?

가이드 : 경상북도 서라벌, 즉 경주로 가서 분황사 모전석탑과 첨성대, 석조여래 삼존입상을 보게 됩니다. 신라는 다른 나라들과 무덤양식이 다른데, 천마총에서 돌무지덧널무덤을 관람할 거예요.

학생들 : 돌 무지 많은 건 삼국이 똑 같네요 어느 왕이 젤로 유명해요?

가이드 : 순서대로 이 세 분의 왕을 꼭 기억해야 합니다. 지석진, 아니 지법진이죠! 지(증왕) ⇨ 법(흥왕) ⇨ 진(흥왕)이에요!

학생들 : 에이, 외워야 할 게 넘 많아여.(ㅠㅠ)

가이드 : 대신 오늘밤 회의는 재미있게 진행할게요. 그룹 '신화'와 함께하는 귀족회의, 신라 화백회의 되겠습니다.

학생들 : 진짜 우리가 아는 그룹 '신화'가 와요?

가이드 : 아니요, 신라의 화랑들이 모여 만든 국악그룹 신화에요.(ㅎㅎ)

4일차_가야

가이드 : 여러분, 좋은 아침! 오늘 여행코스는 어디라고 했죠?

학생들 : 가야연맹왕국이요.

가이드 : 가야가 고대국가로 인정받지 못하는 세 가지 이유, 다들 알고 계시죠?

학생들 : 예, 율령 반포, 불교 수용, 왕권 강화를 못해서요.

가이드 : 정말 '똑' 소리 나네요. 가야는 다음 세 가지만 더 기억하면 될 것 같습니다. 김수로왕, 철, 그리고 호우명그릇입니다.

병부 : 군사에 관한 일을 맡아보던 관아. 법흥왕 3년(516)에 두었다.

학생들 : 어, 여섯 가지만 외우면 되는 거예요?

가이드 : 예, 별거 아니죠? 오늘은 일정이 짧아서 특별히 기념품을 구입할 시간을 드릴 거예요. 철제 판갑옷과 투구, 덩이쇠, 가야 금관, 기마인물형 토기 등이 특히 인기가 높답니다. 3시까지 기념품 구입 마치고 약속된 장소로 오면 인천공항에 가서 일본으로 출발하겠습니다. 여러분, 시간 꼬옥~ 지켜주세요!

알쓸역팁

- 김수로왕 : 『삼국유사』 「가락국기」에 건국과 관련된 일화(구지가)가 전해진다.
- 철 수출 : 철이 많이 생산되어 낙랑과 왜에 수출을 많이 했다.
- 전기가야연맹(금관가야)은 고구려 광개토태왕의 공격으로 쇠퇴하여 그 후 힘을 잃게 된다. 이 전쟁의 승리를 기념하고자 아들 장수왕이 만든 청동 기념품이 호우명그릇이다.
- 철제 판갑옷, 투구, 덩이쇠, 가야 금관, 기마인물형 토기

가이드 : 아키하바라 전자상가 관광은 즐거우셨나요?

학생들 : 예에!

가이드 : 포켓몬도 많이 잡았어요?

학생들 : 에이, 요즘 그거 안 해요.

가이드 : 정말 가깝고도 먼 나라 일본이에요. 저희가 일본까지 온 이유가 뭐라고 했죠?

학생들 : 삼국시대 때 일본에 전해진 문화 확인이요.

가이드 : 맞습니다. 우수한 문화를 전수해준 고구려, 백제, 신라의 인물들은 다 알고 계실 거고…. 오늘은 벽화와 불상을 확인해보겠습니다. 고구려의 수산리 고분벽화와 유사한 벽화가 뭘까요?

학생들 : 다카마스 고분벽화입니다.

가이드 : 예, 고담에 고구려의 담징이 전수해준 벽화는요?

학생들 : 호류사 금당벽화요.

가이드 : 우와, 잘 아네요. 그럼 신라의 '금동미륵보살반가사유상'을 꼭 닮은 일본의 목조 불상은 무엇일까요?

학생들 : 음, 생각났어요. '고류사 목조미륵보살반가사유상'이에요.

가이드 : 예, 여러분을 만나서 반가운지 생각하는 미륵보살이라고 기억해두 세요. (ㅋㅋ) 마지막으로 가야는 철과 제철기술을 전파하고 또 어떤 토기 제작에 직접적인 영향을 줄까요?

학생들 : ???

가이드 : '스에키 토기'랍니다. 일본 이 '스에끼'들이 그 고마움을 잘 아는지 모르겠어요.

학생들 : 맞아요!

가이드 : 이제 아쉽지만 여행을 마칠 시간이 되었네요. 4박 5일간 삼국과 가 야, 그리고 일본을 둘러보는 긴 일정과 밤마다 회의까지 하느라 정 말 고생 많았어요. 다음 남북국시대(통일신라·발해)투어에서 행복하 게 다시 만나요.

알쓸역팁

- 수산리 고분벽화(고구려)와 유사한 벽화 : 다카마스 고분벽화(알기 쉽게 '고수다'로 외우자 ; 고구려 수산리 다카마스 고분벽화)
- 철과 제철기술 전파, 스에키 토기 제작에 영향을 끼침

신라 왕은 뼈부터 달라

(feat.최치원 & 통일신라 육두품 중창단)

연관 키워드

#육두품 최치원 #계원필경 #토황소격문 #성골 #진골

(1절) 엄마 아빠 왕족이면~ **성골**(성스러운 뼈!)

둘 중 한 분 왕족이면~ **진골**(진짜 뼈!)

두 분 다 아니면~ **육두품**(육두문자가 절로!)

(2절) 김춘추 전까지 왕은~ 성골 (그렇겠지!)

김춘추부터 왕은~ 진골(그렇구나!)

(후렴/비장하게) 어이없네 뼈 등급! 없어져라 골품제!

우리 육두품, 지방호족과 힘을 모아

새로운 정치이념 추구하리라~~ 예에!

팩트 체크

☑ 육두품 중 최고로 유명한 인물은 학자이자 문장가인 최치원이다. 그는 당나라에 유학하여 장원급제를 했고, 「계원필경」*을 저술했다. 「계원필경」에 실린 「토황소격문」*이 특히 유명하다.

☑ 화랑은 귀족만 될 수 있었다.

☑ 육두품 중 3품 이하는 평민과 동등

계원필경 : 신라의 문신 최치원의 시문집이다. 최치원이 고변의 종사관(從事官)으로 재직할 때의 작품인 만큼 우리나라와는 별로 관계가 없는 시문이 대부분이다.

토황소격문 : 최치원이 중국 당나라에서 벼슬하며 황소를 치기 위하여 지은 격문이다. 중국에서 황소의 난이 일어나자, 881년(헌강왕 7) 최치원은 그 토벌총사령관인 고변(高騈)의 휘하에 종군하였는데, 황소가 이 격문을 보다가 저도 모르게 침상에서 내려앉았다는 일화가 전해질 만큼 뛰어난 명문이었다 한다.

"369, 369~5 상수리" 쉬운데!

발해와 통일신라의 정치체계를 알아볼까요?

여러 가지 외워야 할 게 많지만 이것만큼은 꼭 기억합시다.

어떻게? 삼육구 삼육구 오~ 상수리!

팩트 체크

- ☑ 발해 : 3성 6부의 독자적 운영체계. 3성 ⇨ 정당성·선조성·중대성, 6부 ⇨ (유교적 명칭 사용) 인·의·예·지·신·충부
- ☑ 통일신라 : 9주 5소경 지방행정체제 완비(신문왕), 9주 ⇨ 행정적 기능 강화, 5소경 ⇨ 군사·행정상의 요지(수도 쏠림 현상을 보완하고, 지방 문화 발달을 촉진하며 지방 세력을 감시하기 위해 만든 것), 상수리* 제도 ⇨ 지방세력 견제
- ☑ 5소경 : 중원경(충주), 북원경(원주), 남원경(남원), 서원경(청주), 금관경(김해)

상수리 제도 : 상수리제도란 서울(上)을 지키는(守) 관리(吏)를 두는 제도를 말한다. 즉 신라 때, 지방 향리를 볼모 겸 고문으로 경주에 와 있게 하던 제도로 후일 고려시대 기인제도의 기원이 되었다.

해동성국 발해

발해를 꿈꾸며~♪♪
Yo, 태리~.

발해

연관 키워드

해동성국 #인안 대흥 #신라도 #주자감

바다 동쪽에 있는 찬란한 나라, 발해!

발해는 668년 고구려 멸망 30년 후, 대조영이 고구려의 유민*들과 말갈족을 규합해 만든 나라로 우리 민족의 큰 자랑입니다.

발해의 왕들 가운데 네 명은 반드시 알아두자고요,

이름하여 **대무문선**입니다.

바로 **대조영**, **무왕**, **문왕**, **선왕**이에요.

팩트 체크

- ☑ 발해 : 698년~926년, 228년간
- ☑ 독자적 연호* 사용 : 인안, 대흥(중국과 같은 연호를 쓰자고? "잉, 안돼, 흥!")
- ☑ 대조영 : 발해 건국 시조
- ☑ 무왕 : 무술에 능함, 당과 대립, 돌궐·일본과 연결하여 당과 신라 견제
- ☑ 문왕 : 문화 사랑, 당과 친선관계, 신라와 상설교통로(신라도) 개설
- ☑ 선왕 : 말갈족 복속 및 요동 진출, 이때부터 '해동성국'이라 불림
- ☑ 고구려 문화 계승 : 굴식돌방무덤, 온돌, 기와, 석등
- ☑ 독자적 정치체계 : 3성 6부제
- ☑ 주요 행정조직 : 중정대*, 주자감(교육기관)

유민 : 나라를 잃어버린(遺) 백성(民)
연호 : 해의 차례를 나타내기 위하여 붙이는 이름
중정대 : 기강과 탄핵의 일을 맡아보던 관아로서 감찰기구이다. 신라의 사정부와 같은 역할을 담당했다.

통일신라의
3대 스님들

원효대사와 의상대사의 유명한 일화는 다들 알고 있겠지? (짧게 말하면, 해골물을 마신 원효는 신라로 컴백 홈, 그 사실을 꿈에도 몰랐던 의상은 고 투 더 당나라…) 그런데 **원효**가 신라로 와 보니 불교사상이 너무 심오해서 백성들이 넘 어려워하는 거야. 그래서 **나무아미타**불만 외치면 누구나 극락세계로 갈 수 있다며 불교를 이해하기 쉽게 전파했어. 한편, **의상**이 당나라에서 열심히 의상공부… 아니 불교공부를 하고 돌아와 보니 이미 원효가 넘사벽으로 유명해져 있던 거야.(ㅠㅠ) 그래서 결심했지, 그래 난 **원효+알파**로 가야지! 그러고는 "**나무아미타불+관세음보살**" 이렇게 관음 신앙을 주창하셔. 마지막으로 **혜초**는 두 분 덕에 할 일이 없었어. 그래서 어디로? 멀리 인도로 떠나고 말아. 돌아와서 남긴 책이 그 유명한 『왕오천축국전』*이야. 이름이 왕 어렵다고? **왕(가다)+오(다섯)+천축국(인도와 그 주위 나라들)**, 즉 "**나, 다섯 개의 천축국~인도에 갔다 왔다**"라는 뜻이지. 어때, 왕 쉽지?

팩트 체크

☑ 원효(아미타신앙), 의상(관음신앙), 혜초(『왕오천축국전』)

왕오천축국전 : 신라 성덕왕 26년(727)에 혜초가 지은 책. 고대 인도의 5국과 인근의 여러 나라를 10년 동안 순례하고 당나라에 돌아와서 그 행적을 적은 글이다. 당시 인도 및 서역 각국의 종교와 풍속, 문화 따위에 관한 기록이 실려 있다. 1908년에 프랑스의 학자 펠리오가 간쑤성(甘肅省)의 둔황(敦煌)에서 발견하였는데 현재 파리 국립 박물관에 보관되어 있다.

견원과 궁예,
우릴 빼놓으면
정말 섭하죠

연관 키워드

#팔관회 #마진 태봉 #견훤 신검 #미륵신앙

Q1. 나는 누구일까요?

신라 왕족(승려) 출신으로 **송악**(지금의 개성)에 **후고구려**를 건국(901년)한 일명 애꾸눈 왕자, 국호를 **마진**(후에 **태봉**으로 변경), **철원**으로 도읍을 옮겨 새로운 정치 추구, **지나친 수취**와 **미륵신앙**을 이용한 전제정치 도모로 결국 신하들에게 축출, 대표적인 유행어로 "옴마니반메훔", "짐은 관심법을 쓸 줄 아노라", "짐이 곧 미륵이다" 등이 있다.

힌트 : 왕족 출신이니까 당연히 궁에서 태어났음

정답 : 그래서 내 이름은 **궁예**!

Q2. 그렇다면 저는 또 누구일까요?

상주 출신의 군인, **완산주**(지금의 전주)땅에 **후백제** 건국(900년, 궁예보다 1년 빠른 게 큰 자랑거리), 본래 성은 이씨인데 후에 견씨로 바꿈(^^), 우수한 경제력을 바탕으로 중국의 후당, 오월과 외교관계를 맺는 등 **국제적 감각 탁월**, 반(反)신라정책과 농민들에게 **과중한 조세수취, 호족세력 포섭 실패와 아들 신검과의 불화**로 결국 통일의 꿈을 접음

힌트 : 어린 시절 늑대가 젖을 먹여 키웠다는 일화가 있고 신라와 견원지간

정답 : 그래서 내 이름은 견원, 아니 **견훤**!

팩트 체크

☑ 후고구려의 석등롱(石燈籠)과 팔관회(八關會) 등이 고려에 영향을 끼침

트와이스 여행사와 떠나는 남북국시대 투어

1일차_통일신라1

가이드 : 이번에도 잊지 않고 저희 역사투어에 참가해주셔서 정말 고맙습니다. 벌써 세 번째 여행이네요. 그동안 역사공부 좀 많이 하셨나요? 오늘부터 4박 5일 동안은 남북국시대(통일신라와 발해)와 후백제, 후고구려가 등장하는 후삼국시대까지 조금 바쁘게 돌아보려 합니다. 자, 그럼 즐거운 마음으로 여행을 시작해볼까요? 처음으로 갈 곳은 천년고도 서라벌입니다. 이곳 경주에 오니까 옛 신라인들의 정취가 물씬 느껴지네요. 여러분은 고려의 김부식이 쓴 『삼국사기』에 따른 신라의 시대 구분법을 알고 계신가요?

학생들 : 그게, 배우긴 배웠는데….

가이드 : 그래요, 사실 기억하기 쉬운 내용은 아니죠. 이번 기회에 꼭 알아두시라고 간단하고도 정확하게 설명해 드릴게요. 왕실의 혈통(골품)을 기준으로 크게 상대, 중대(무열왕계), 하대(내물왕계)의 세 시기로 구분합니다. 시조 박혁거세부터 진덕여왕까지를 상대, 무열왕(김춘추)부터 혜공왕까지를 중대, 선덕왕부터 마지막 경순왕까지가 하대입니다. 잠깐, 태종무열왕 김춘추 하면 뭐가 제일 먼저 떠올라요?

학생들 : 진골 출신의 첫 번째 왕이요!

가이드 : 맞습니다. 그러니까 상대에는 성골 출신만 왕이 되었고, 중대부터는 진골 출신들이 왕이 되는 거죠. 그럼, 태종무열왕이 삼국통일을 한 건가요?

학생들 : 에이, 삼국통일은 676년에 김춘추의 아들 문무왕이 하셨죠!

가이드 : 예, 잘 알고 계시네요.. 오늘은 멀리 오시느라 수고하셔서 점심식사 후 경주 엑스포 공원과 시내를 관광하는 자유 시간을 갖겠습니다. 그럼 식사하러 갈까요?

알쓸역팁

- 신라 중대(무열왕~혜공왕) : 왕권을 강화하기 위해 제도를 정비했다. 진골 출신을 숙청하고, 상대등*의 권한을 약화시킨 반면 집사부* 시중*의 권한을 강화했다. 녹읍*을 폐지하고 관료전*을 지급했으며, 6두품 출신을 대거 관리직에 등용했다. 유학을 장려하고 국학을 설립했다.
- 신라 하대(선덕왕~경순왕) : 왕권 약화를 위한 조치들이 취해졌다. 상대등의 권한이 다시 강화되었고, 6두품을 축출했으며, 관료전을 폐지하고, 녹읍을 부활했다. 지방호족이 득세했고, 풍수지리와 선종* 사상이 유행했다.

상대등 : 신라 때에, 나라의 정권을 맡았던 으뜸 벼슬 또는 그런 벼슬아치를 이르는 말이다. 법흥왕 18년(531)에 두었고, 화백과 같은 귀족회의 의장도 겸하였다.

집사부 : 신라 때에, 국가 기밀과 정무(政務)를 맡아보던 최고의 행정 관아이다. 진덕여왕 5년(651)에 품주를 고친 것으로, 흥덕왕 4년(829)에 다시 집사성으로 고쳤다.

시중 : 신라 집사성의 으뜸 벼슬로 국정을 총괄하던 대신(大臣)을 이른다.

녹읍 : 녹읍(祿邑)이란 신라에서 고려 초기까지, 벼슬아치에게 직무의 대가로 일정 지역의 수조권(벼슬아치가 나라에서 부여받은, 조세를 받을 권리)을 주던 일이다.

관료전 : 관료전(官僚田)은 통일신라시대에 관료에게 녹봉(祿俸) 대신에 주던 토지, 또는 그런 토지 제도를 말한다. 신문왕 7년(687)에 녹읍제(祿邑制) 대신 마련하였다가 경덕왕 16년(757)에 없애고 녹읍제를 다시 부활시켰다.

선종 : 참선으로 자신의 본성을 구명하여 깨달음을 터득하고, 부처의 깨달음을 교설(敎說) 외에 이심전심으로 중생의 마음에 전하는 것을 종지(宗旨)로 삼은 종파이다.

가이드 : 어제 경주 시내 관광은 잘 하셨나요?

학생들 : 예, 재미있게 놀았어요.(^^)

가이드 : 오늘은 불국사로 가서 통일신라시대 때 만든 탑과 건축물들을 둘러 볼 거예요. 석굴암과 함께 유네스코 세계문화유산으로 지정된 통일 신라를 대표하는 사찰은 무엇이죠?

학생들 : 당연히 불국사죠!

가이드 : 그래요. 불국사는 불국토의 이상을 조화와 균형감각으로 표현한 사 원인데요. 8세기 경덕왕 때 만들었습니다. 석가탑과 다보탑이라는 두 개의 석탑도 유명하죠? 10원짜리 동전에 새겨진 탑이 다보탑이 고요.(와~ 십다^^), 불국사 3층 석탑이 바로 석가탑입니다. 석가탑 은 복원 과정 중에 무구정광대다라니경이 발견되어 많은 화제를 모았었죠. 석굴암 본존불, 석가탑, 다보탑, 불국사 모두 통일신라시

알쓸역팁

- 유네스코 세계문화유산 등재 : 석굴암, 불국사(석가탑과 다보탑)
- 무구정광대다라니경 : 751년(경덕왕 10년)경에 간행된 것으로 추정되 는 세계에서 가장 오래된 현존하는 목판권자본*. 이 판본은 1966년 10월 경주 불국사 3층 석탑(석가탑) 보수공사 중 2층 탑신부에서 금동제 사리함 등 여러 유물과 함께 발견되 어 이들 유물과 함께 국보 제126호로 지 정되었다.(현재 국립중앙박물관에 소장)
- 통일 신라시대 8세기 경덕왕 : 석굴암 본 존불, 석가탑, 다보탑, 불국사
- 7세기 선덕여왕 : 첨성대(현존하는 동양 최고의 천문대)

> 어릴때 이름이 덕만이었다 왜! 촌스럽냐!

목판권자본 : 목판본에서 인쇄한 두루마리 책. 종이의 한쪽 끝에는 둥근 막대기 모양의 권축(卷軸) 을 달고 다른 한쪽에는 대나무 따위를 덧대고 끈을 달아서 권축에 보관할 때에는 둥글게 말아 두 었다가 읽을 때는 풀어 보도록 되어 있다.

대 8세기 경덕왕 때 만들어졌다는 것, 꼭 기억해주세요. 현존하는 동양 최고의 천문대인 첨성대는 통일신라시대가 아닌 7세기 신라 선덕여왕 때 만든 것이니 헷갈리지 마시고요!

학생들 : 선덕여왕의 이름이 미실 아닌가요? 남친은 비담이고?

가이드 : 헐~, 그렇게 드라마를 열심히 보고도 모르실 수가! 당근 아니고요! 덕만 공주가 바로 선덕여왕입니다.(ㅠㅠ)

3일차_후백제와 후고구려

가이드 : 여러분, 오늘이 벌써 남북국시대 투어의 세 번째 날이네요. 이번 여행의 딱 중간이라 집 생각도 나고, 엄마 생각도 가끔 나고… 많이 힘들죠?

학생들 : 아니요, 학원 안 가서 넘 좋아요.(ㅋㅋ)

가이드 : 그래요? 그렇다면 오늘은 좀 강행군을 해볼까요? 지금 우리가 와 있는 이곳은 강원도 철원, 바로 후고구려의 수도입니다. 901년 송악(지금의 개성)에 첫 도읍지를 정하고 곧 철원으로 이전했죠. 국호도 태봉에서 마진으로 바꾸었고요. 신라 왕족 출신으로 궁에서 태어난 후고구려의 태조는 누구일까요?

학생들 : 에이~, 궁에서 태어났으니 궁예죠. 문제가 넘 쉬워요. 우리가 초등학생도 아니고!

가이드 : 알겠습니다. 후고구려는 과도한 수취와 궁예의 실정으로 마침내 918년, 궁예의 부하인 왕건(최수종 아니고 고려 건국 시조인 태조 왕건 말하는 거 아시죠?)이 고려를 건국하면서 멸망하게 됩니다.

학생들 : 그럼, 후삼국시대는 17년밖에 안 되네요?

가이드 : 와우! 정말 똑똑하네요. 맞습니다. 그래서 지금은 후삼국시대보다 발해와 통일신라의 남북국시대가 역사에서 더 큰 비중을 차지하죠. 오후에는 후백제의 수도인 전주를 찾아볼 예정인데 가기 전에 예습

한번 해볼까요? 후백제의 시조는 누구일까요?

학생들 : 견 뭐라고 했는데… 견학? 견미리?

가이드 : 실망입니다. 신라와 견원지간이라고 쉽게 알려드렸는데…. 에이 참. 견훤이잖아요? 견훤은 900년에 완산주(지금의 전주)에 도읍을 정하고 신라에 적대적 정책을 펼치며 전라도와 충청도의 대부분을 차지할 정도로 세력이 막강했죠. 그러나 역시 과도한 수취*(예나 지금이나 이것이 정말 큰 문제죠!)로 백성들의 민심을 잃고 이후 후계자 문제로 아들 신검에게 버림받은 후 쓸쓸히 물러나게 됩니다.

학생들 : 후백제의 마지막 왕은 신검인가요?

가이드 : 예, 맞아요. 공산성, 고창, 일리천 전투에서 고려에 패하여 936년 그 운을 다하게 되죠. 918년 후고구려를 멸망시키며 역사에 화려하게 등장한 고려는 935년 신라(경순왕), 936년 후백제(신검)까지 제압하며 후삼국시대 재통일과 함께 찬란한 500년 고려왕조를 열게 됩니다. 자, 잠시 후 우리는 전주로 출발할 거고요. 도착하면 맛있는 전주비빔밥을 먹고 한옥마을을 둘러보는 시간을 갖겠습니다.

알쓸역팁

- 후고구려(901~918) : 송악(지금의 개성)에서 철원으로 도읍지 이전. 국호를 태봉에서 마진으로 바꿈. 태조는 궁예. 과도한 수취와 궁예의 실정으로 918년 궁예의 부하였던 왕건에게 멸망했다.
- 후백제(900~936) : 태조는 견훤. 완산주(지금의 전주)에 도읍. 신라에 적대적 정책. 과도한 수취와 후계자 문제로 역사에서 쓸쓸히 사라졌다. 후백제의 마지막 왕 신검은 공산성, 고창, 일리천 전투에서 고려에 패하여 936년에 그 운을 다하게 된다.

수취 : 국가에서 세금을 거두어(收) 가지는(取) 것을 말한다.

왕건을 이용해 자신이 세운 후백제를 공격한 견훤,
견훤을 전면에 앞세워 후삼국을 통일한 왕건.

4일차_발해

가이드 : 우리는 먼 길을 돌고 돌아 마침내 이번 투어의 마지막 코스인 중국 길림성 동모산 기슭에 도착했습니다. 통일이 되었다면 육로로 쉽게 올 수 있는 이곳을 너무 어렵게 찾아왔네요. 그만큼 더 뜻 깊은 시간이 되길 바라며, 오늘 일정을 시작하겠습니다. 자, 우리가 서 있는 이곳은 어떤 의미가 있을까요?

학생들 : 대조영이 발해를 처음 건국한 곳입니다!

가이드 : 예, 698년 고구려의 후예인 대조영(아시죠? 이분 역시 최수종 씨가 아니라는 사실!)이 고구려 유민들과 말갈족을 규합해 이곳 동모산에서 발해를 건국하며 신라와 함께 230여 년 남북국시대를 활짝 열게 됩니다. 우리가 꼭 기억할 발해의 왕 네 분은 누구일까요?

> 발해는 고구려의 아들!!

동모산

알쓸역팁
- 당나라의 영향 : 당나라의 정치체제를 수용하여 독자적으로 바꾼 3성 6부제와 문화면에서는 주작대로*, 행정조직에서는 중정대(신라 사정부)와 교육기관인 주자감 등이 있다.

학생들 : 대조영, 무왕, 문왕, 선왕이요!

가이드 : 잘 알고 계시네요. 대무문선 잊지 마시고요. 참고로 무왕은 당, 신라와는 대립하였으나 돌궐, 일본과는 친선관계를 가졌고 독자적인 연호인 인안을 사용했습니다. 이와 반대로 문왕은 당과 친선관계를 맺고 당의 문물 수용 및 신라도 개설, 상경 용천부 천도 등을 했지요. 마지막 선왕은 요동지역까지 진출하여 발해 최대 영토를 확보함으로써 해동성국이라 불리며 발해의 최고 전성기를 구가했답니다. 벌써 저녁식사를 할 시간이 되었네요. 만두와 냉면으로 저녁을 먹고 8시부터 이번 여행에 대한 감상문을 써보는 즐거운 시간을 갖겠습니다.(ㅎㅎ)

학생들 : 에이, 밥 먹기 전에 숙제 얘기하시면 어떡해요? 식욕이 급 떨어지잖아요!

5일차_발해2

가이드 : 오전에 상경 용천부 유적지 관광은 잘 하셨나요? 어떤 것들이 특히 기억에 남으셨나요?

학생들 : 굴식 돌방무덤, 모줄임*양식 무덤, 온돌, 기와, 석등이요.

가이드 : 지금 여러분이 말씀하신 것들은 모두 고구려 문화를 계승한 유적들로 발해가 우리의 선조들이 세운 나라임을 입증하는 소중한 문화유산입니다. 발해가 고구려를 계승했다는 의식이 잘 드러난 또 다른 증거는 무엇일까요?

학생들 : 엥, 또 있어요?

주작대로 : 국왕이 있는 궁성 남문에서 외성 남문까지 직선으로 뻗은 큰 길
모줄임 양식 : 모서리를 줄였다고 해서 '모줄임'이라 한다

발해는
이런 나라였다.

알쓸역팁

- 발해의 고구려 계승 근거 : 발해의 왕이 일본 왕에게 보낸 국서에 '고구려 왕' 표기,
  사회의 이원적 구조(지배층은 고구려인, 피지배층은 말갈인), 문화적으로 모줄임천장,
  온돌, 석등, 돌사자상
- 발해의 흥망성쇠 : 고왕(高王) 대조영(동모산 기슭에서 발해 건국) ⇨ 무왕(요서지역
  진출, 돌궐·왜와 우호관계) ⇨ 문왕(당과 우호관계, 신라·왜·거란과 교류) ⇨
  선왕(요동지역까지 영토 확장) ⇨ 거란에 멸망

가이드 : 이런, 무왕 때 친선관계를 맺은 일본에 보낸 국서에 고구려 국왕이라는 표현이 나온답니다. 정말 중요한 내용이니 꼭 기억해두세요. 아쉽지만 이제 발해를 떠나야 할 시간이 되었네요. 지금 이 순간 문득 서태지와 아이들이 부른 〈발해를 꿈꾸며〉의 가사가 떠오릅니다. "진정 나에겐 단 한 가지 내가 소망하는 게 있어. 갈려진 땅의 친구들을 언제쯤 볼 수 있을까. 망설일 시간에 우리를 잃어요…" 우리가 찾아야 할 역사, 반드시 기억해야 할 역사, 언젠가는 꼭 만나서 함께 어우러져 살아가야 할 소중한 우리의 민족들…. 비록 우리가 뿌리내리고 살아가는 영토의 크기는 작아도 가슴에 품은 뜻은 이 세상 누구보다 큰 여러분이 되길 바라며, 4박 5일간의 남북국시대 투어를 마치겠습니다. 다음 고려시대 투어에서 꼭 만나요!(제발^^)

IV 고려시대

왕과 왕비의 능에만
세울수 있었던
무신의 석상

왕건이 세우고
성종이 완성한 고려

광종

칼… 있으마

연관 키워드

#흑창 #훈요10조 #연등회 팔관회 #노비안검법

#과거제도 쌍기 #광덕 준풍 #광종 왕소 #건원중보

918년 **왕건**이 후고구려를 멸망시키고 **고려**를 **건국**하니, 10년 후

928년 **발해**가 **멸망**하는구나, 아아! 멀어진 북진정벌의 꿈이여!

935년 **통일신라 멸망**, 그로부터 1년 뒤

936년 **후백제 멸망**하고 **태조 왕건**이 **후삼국**을 **통일**하니

본격적인 고려시대 개막이로다!

팩트 체크

☑ 고려시대 : 918년~1392년(474년간)

☑ 태조(체제정비) : 호족 통합을 위해 무려 29번 결혼, 세율 1/10로 낮춤, 흑창*
실시, 북진정책 실시(서경(평양) 중시, 발해 유민 포용)

☑ 광종(왕권강화) : 노비안검법* 실시, 과거제도 시행(외국인 쌍기의 건의로
실력으로 인재 등용), 공복*제정, 황제칭호, 독자적인 연호(광덕, 준풍) 사용

☑ 성종 (유교정치 강화) : 최승로의 시무28조* 채택(유교 통치이념), 국자감
정비, 지방에 경학박사*와 의학박사* 파견, 과거제도 정비(시행은 광종, 절대
헷갈리지 말자), 고려 최초의 화폐 건원중보 주조

흑창(黑倉) : 고려 태조 때에 설치한 빈민 구제 기관으로 성종 5년(986)에 의창(義倉)으로 고쳤다.
노비안검법 : 노비(奴婢)의 실태를 조사하는(按檢) 법(法). 통일신라 말기, 고려 초기에 억울하게
노비가 된 사람을 해방시킨 것인데, 호족이 소유한 노비를 풀어줌으로써 국가 재정을 튼튼히
하면서 왕권을 강화하고 호족의 세력을 약화하기 위해 만든 정책이다.
공복 : 공복(公服)이란 삼국시대부터 관원(官員)이 평상시 조정(朝廷)에 나아갈 때 입던 제복을
말한다. 신라 진덕 여왕 2년(648)부터 착용하기 시작했는데, 머리에는 복두를 쓰고, 곡령(曲領)
에 소매가 넓은 옷을 입었으며, 손에는 홀(笏)을 들었다.
시무 28조 : 당시(時) 힘써야 할(務) 28가지(二十八) 조목(條)이란 뜻이다.
경학박사 : 지방 관민(官民)의 자제를 교육하기 위하여 둔 교수직이다.
의학박사 : 지방 사람들을 교육하기 위하여 둔 교수직 벼슬이다.

숫자로 읽는
고려사 이모저모

아니, 역사 공부하기도 바쁜데 숫자까지! 숫자만 보면 머리가 아파오는 여러분, 이번엔 고려 역사에 등장하는 대표적인 숫자만을 모아 간단하게 알려드릴게요.

2성 6부 : 고려의 중앙행정조직(당나라의 3성 6부제를 본떠서 만들었죠)으로 2성은 중서문하성과 상서성을, 6부는 이·병·호·예·형·공부(조선과 같음)를 일컫지요.

2군 6위 : 중앙의 군사조직을 말해요. 지방군은 주현군*, 주진군(양계) 체제입니다. 양계(북계와 동계)가 국경을 접하는 군사지역이므로 국경 수비를 맡았던 군대는 주진군이란 걸 꼭 기억하세요. 군역의 의무는 16~60세 미만의 농민들에게 부과되었고요.

5도 양계 : 전국을 5도(양광도·경상도·전라도·교주도·서해도)로 나누고 군사지역은 양계(동계와 북계)로 구분한 지방행정조직입니다.

시무 28조 : 유학자 최승로가 성종에게 제안한 건의(중앙은 2성 6부 체제로, 지방엔 12목 설치 등)

강동 6주 : 서희 장군이 거란의 소손녕과 담판을 지어 차지한 평안북도의 6개 주*를 말합니다.

팩트 체크

☑ 당나라 영향 : 중서문하성(중서성+문하성), 상서성

☑ 송나라 영향 : 중추원(추밀과 승선), 삼사(회계)

☑ 고려만의 독자적인 기구 : 어사대*와 재추회의*, 대간(언론 기능)

☑ 고려의 삼사 vs. 조선의 삼사 : 고려의 삼사는 국가의 출납과 회계를 담당했던 기구이고, 조선 삼사는 언론을 담당했다.

주현군 : 고려시대에 각 지방의 주(州)와 현(縣)에 두었던 군대. 그 지방의 치안을 맡아보았으며 전쟁 때는 전쟁터에 나가고 보통 때는 급전(給田)을 받아 경작하며 살았다. 급전이란 각 관아에 나누어 주어 거기서 나오는 소출로 경비를 충당하도록 한 논밭을 말한다.

평안도 6개 주 : 평북 해안지방에 설치한 흥화, 용주, 철주, 통주, 곽주, 귀주 등 6주를 말한다.

어사대 : 감사기구로 임금(御)의 명령을 받은 관리(史)가 일하는 관청이다.

재추회의 : 2품 이상의 고위 관직인 재신(宰)과 추밀(樞)이 함께 모여 하는 회의로 고려만의 독자적인 기구였다.

고려는 거란과 세 번 싸웠을 거란 얘기죠?

연관 키워드

#강동6주 #별무반 #황룡사 9층 목탑 소실 #삼별초

500여 년 역사 동안 숱한 외세의 침입에 시달렸던 고려, 대체 어떤 나라들이 고려를 괴롭혔을까요? 그중 세 개의 대표적인 나라는 순서대로 **거란** ⇨ **금여진**(여진이 후에 금나라 건국) ⇨ **원몽고**(몽고가 후에 원나라 건국)입니다.

팩트 체크

☑ 거란의 침입과 격퇴(10~11세기) : 1차(993년) 서희의 외교 담판, 강동 6주 확보 ⇨ 2차(1010년) 개경 함락, 양규의 선전 ⇨ 3차(1018년) 강감찬의 귀주대첩

☑ 여진의 침입과 격퇴(12세기) : 1107년 별무반* 편성(윤관), 여진토벌, 동북9성 축조 ⇨ 1115년 여진의 금나라 건국(군신관계 요구)

☑ 몽골의 침입과 항쟁(13~14세기) : 1231년 1차 침입을 시작으로 총 7차례 침입

별무반 : 고려 숙종 9년(1104)에 윤관이 조직한 군대. 여진 정벌을 위하여 기병을 중심으로 조직하였는데, 신기군·신보군·항마군의 세 부대로 편성했다.

꿈엔들 잊으리,
한 맺힌 몽고

총 81,258판 구성에 오탈자 하나 없답니다

칭기즈 칸의 나라, **몽고**, 즉 **원나라**는 고려를 차지하기 위해 고민 고민 하다가 **몽골 사신의 피살을 구실로** 마침내 **고려에 침입**하지, 무려 **일곱 번**이나!(지긋지긋한 놈들, 십자군 전쟁도 아닌데 일곱 번씩이나 쳐들어오다니!)

Q : 그때 **죽은 몽골 사신의 이름**이 뭐에요?

A1 : 사신아, 네가 대답해!

A2 : 예, 그때 버릇없이 굴다가 죽은 사신은 바로 저고여… 흑흑(이름마 저 안타까운 저고여 되겠습니다.)

팩트 체크

- ☑ **1차(1231년)** : 귀주성 박서, 충주 관노비들의 저항
- ☑ **2차(1232년)** : 강화도 천도, 처인성 전투(김윤후와 처인 부곡민이 몽골 사령관 살리타 사살. 부곡민은 향소부곡*의 그 부곡을 말하며, 일반 군·현민보다 가혹한 수취 및 거주 이전과 관직 진출에 제한 받음. 그런 대접을 받으면서도 나라를 지키겠다고 나서다니!)
- ☑ **3차~7차** : 원나라는 금나라 정복 후 고려를 더욱 적극적으로 공격함(충주 성에서 또 김윤후와 노비들 결사 항전)
- ☑ **결과** : "부처님이 보우하사 우리 고려 만세"를 기원하며 팔만대장경 조판, 다수의 문화재 소실, 무신정권 붕괴, 개경 환도(몽고에 항복)
- ☑ **삼별초 항쟁** : 개경환도에 반대하며 결사 항쟁, 항쟁 경로는 강화도(배중손) ⇨ 진도 ⇨ 제주도

향소부곡 : 신라 때부터 조선 초기까지 있었던 특수한 지방 하급 행정 구획인 향, 소, 부곡을 아 울러 이르는 말. 이들 주민의 신분은 노비나 천민에 가까웠다.

고려는 불교를
too much 사랑해

#지눌 조계종 #의천 천태종 #혜심 유불일치설
#요세 백련결사

학생1 : 얘들아, 혹시 그 얘기 들었니? 이번에 **정혜**가 **쌍수**에 성공했고, **돈오**가 기말고사 **점수** 올라서 기념으로 둘이 함께 **수선사를 결사**하고 그 결과, **조계종 흥성**에 일조했대!

학생2 : 대체 뭔 소리야? 누가 그래?

학생1 : **지눌**이 그러던데?

학생3 : 참, **의천**은 **천태종을 창시**하고 교관까지 겸하기로 했대. 바로 **교관겸수!**

학생2 : 난, 심성 착한 **혜심**이 유불일치설을 주장하고 다닌다는 말은 들었다. 요새 다른 소식은 또 없니?

학생1 : **요세**라고 3반에 엉뚱한 애 있지? 걔가 **백년결사를 제창**해서 **지방민들의 적극적인 호응**을 받았다나 뭐라나!

학생3 : 우리 여기서 이러지 말고 **풍수지리설**이나 배우러 가자. 렛쓰 고려!

팩트 체크

☑ 고려시대의 사상 : 불교의 국가적 지원, 교종과 선종의 통합 운동

☑ 지눌 : 정혜쌍수*, 돈오점수*, 수선사* 결사, 조계종 흥성

☑ 의천 : 천태종 창시, 교관겸수*(교종 중심으로 선종 통합에 노력)

☑ 혜심 : 유불일치설(심성의 도야 강조 ⇨ 성리학 수용의 사상적 토대 마련)

☑ 요세 : 백련결사* 제창(지방민의 적극적 호응)

☑ 풍수지리설 : 북진정책과 서경천도 운동의 이론적 배경

정혜쌍수(定慧雙修) : 참선(定)과 지혜(慧)를 둘 다(雙) 닦음(修)

돈오점수(頓悟漸修) : 갑작스럽게(頓) 깨닫고(悟) 그 깨달은 바를 점차적으로(漸) 수행함(修)

수선사 : 고려시대 보조국사 지눌에 의해 이루어진 혁신불교적인 신앙결사 단체

교관겸수(敎觀兼修) : 석가모니의 가르침(敎)을 연마함과 동시에 실천(觀)을 같이(兼) 해야(修) 함을 강조, 교리를 강조한 교종, 참선과 수양을 강조한 선종의 주요 내용을 취합했다.

백련결사 : 고려 후기 천태종 승려인 요세에 의해 개창된 신앙결사

대표적인
금수저와 흙수저,
김부식 vs. 묘청

연관 키워드

#이자겸의 난 #서경 천도운동 #김부식 묘청 #금수저
흙수저 #신채호

고려시대의 대표적인 금수저인 김부식(『삼국사기』저자)과 흙수저인 승려 묘청을 아시나요? 고려 창건(918년) 후 약 200년이 지난 1126년, **이자 겸의 난**으로 문벌귀족사회의 모순이 노출되자 마침내 지배층의 분열이 일어나요. 이후 금수저(중앙문벌귀족)에 대항해 흙수저(지방의 개혁관리)가 일으킨 대표적인 사건이 바로 **묘청**의 **서경**(지금의 평양) **천도운동**(1135년)*인데요. 고구려 계승의식을 내세우며 금나라정벌(금여진 기억하죠? 여진족이 세운 금나라)을 외쳤던 이 사건은 안타깝게도 실패로 막을 내립니다. 역사에 '만약'이란 가설은 부질없겠지만, 그래도 묘청의 서경 천도운동이 성공했다면 우리의 영토는 지금과 많이 달라졌겠지요?

팩트 체크

☑ 개경파 vs. 서경파

중앙의 문벌귀족(김부식 등)	지방의 개혁관리(묘청, 정지상)
사대적(유교사상 기반)	북진, 자주적(풍수지리설, 전통사상 기반)
서경천도 반대	서경천도 주장
신라 계승의식 표방	고구려 계승의식 표방

☑ 묘청의 서경 천도운동과 단재 신채호 : 신채호 선생은 『조선사 연구초』*에서 묘청의 서경 천도운동을 "우리 역사 '일천 년사 최대사건'"이라고 높이 평가

천도운동 : 서경(西京)으로 도읍지(都)를 옮기자는(遷) 운동
조선사 연구초 : 신채호가 저술한 역사책으로 1924년 10월 13일부터 1925년 3월 16일까지 동아일보에 연재한 것을 1929년 조선도서주식회사에서 『조선사연구초』라는 제목으로 간행했다. 총 6편의 논문이 수록되었으며 한국 역사 연구를 위한 방법론 문제와 관련하여 중요한 자료로 평가받고 있다.

또 다른 아픔, 100년 무신정권

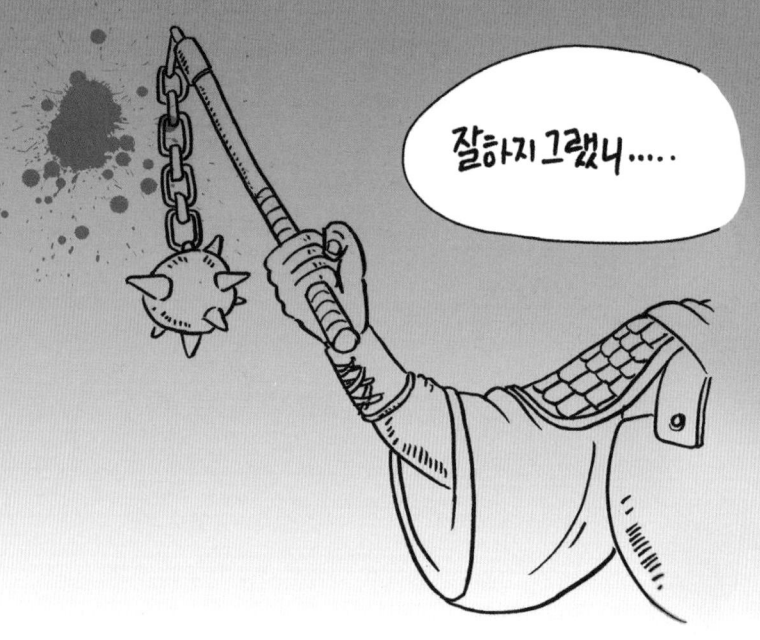

잘하지 그랬니.....

연관 키워드

#봉사 10조개혁안 #최씨 무신정권 #정중부 중방 #경대승 도방 #망이 망소이 #만적의 난*

몽골의 숱한 침략 때문에 안타까운 역사가 되어버린 고려의 **무신정권 100년!** 고려 역사의 중간인 1170년부터 시작된 무신정권 기간 중 최충헌 이후 70여 년간 이어져온 최씨 가문의 집권으로 일명 **최씨 무신정권**이라고도 불리는 고려의 아픈 역사를 기억해두세요!

팩트 체크

☑ **무신정변**[*]
- 기간 : 1170년~1270년
- 배경 : 의종의 실정, 문벌귀족 사회의 모순 심화, 무신에 대한 차별과 하급관리에 대한 낮은 대우에 반발해 무신 정중부가 반란을 일으킴
- 주요 인물 : 정중부(중방) ⇨ 경대승(도방) ⇨ 이의민 ⇨ 최충헌(교정도감·정방)

무신정변 : 무인(武)의 신하들(臣)이 일으킨 정치적 변란(變)

만적의 난 : 고려 신종 1년(1198년)에 최충헌의 노비였던 만적이 중심이 되어 일으킨 노비 해방 운동이다. 만적은 "왕후장상의 씨가 따로 있겠는가? 닥치면 누구나 다 할 수 있는 것이다. 우리 노비들은 모진 매질 밑에서 일만 하라는 법이 있는가?"라는 말로 주변의 노비들을 선동했다고 전해진다(『고려사절요』 14권).

고려 고종 vs.
조선 고종 아버지

연관 키워드

#국자감 #주전도감 #활구

때는 1213년 고려 황실, **고려의 23대 왕**으로 즉위한 **고종**(조선 말 고종 황제 아니심)께서 신하들을 불러놓고 이렇게 말씀하시는데….

King 고종 : 감자국을 좋아하시어 **국자감**을 정비하신 6대 왕 **성종**이 만드신 건원중보*와 15대 왕 **숙종**께서 주조하신 **삼한통보**, **해동통보**, **해동중보**, **활구(은병)**를 화폐로 널리 통용토록 하라!

신하1 : 예이~, 그러하온데 전하, 키가 작고 말이 안 통하게 생긴 자가 나타나 건원중보를 자기가 만든 화폐 당백전*이랑 상평통보*와 교환하자고 하옵니다.

King 고종 : 그게 말이 된다고 생각하니? 아니, 지금 〈백 투더 퓨쳐〉를 찍자는 것인가? **조선시대**에 만든 화폐 **상평통보**가 어떻게 고려시대에 있을 수 있단 말이야? 당백전을 만들었다는 자가 누구더냐?

신하2 : **흥선대원군**이란 자입니다.

King 고종 : (고개를 조아리며) 아바마마, 성은이… (다시 고개를 들고는) 아니지, 난 고려의 왕 고종인데?

팩트 체크

☑ 고려의 화폐 : 건원중보, 삼한통보, 해동통보, 해동중보, 활구(은병)

☑ 조선의 화폐 : 상평통보(인조 때 주조, 사용시기는 숙종~조선 후기), 당백전(조선 말 흥선대원군 주조)

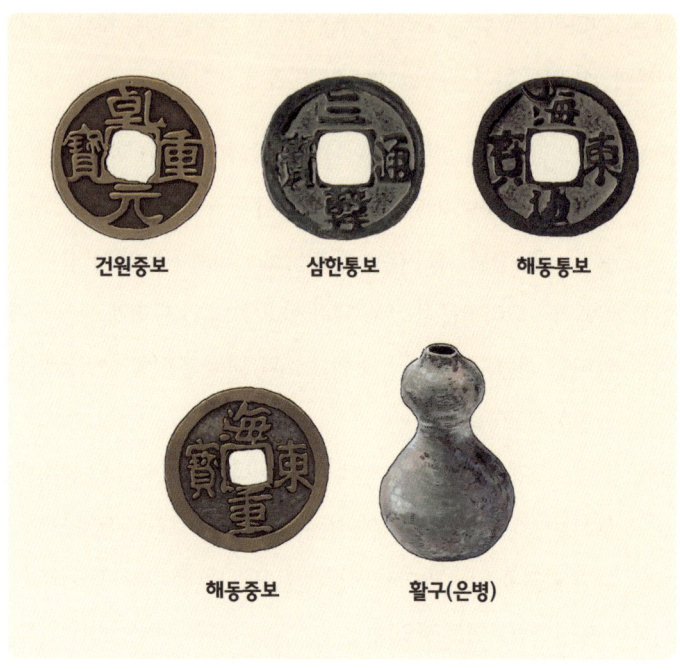

건원중보 　　삼한통보 　　해동통보

해동중보 　　활구(은병)

삼한통보 : 고려시대의 동전으로 문헌에는 기록이 없지만 실물이 남아 있다. 삼한중보(三韓重寶)와 더불어 숙종 때 주조되었던 것으로 추정된다.

해동통보 : 고려시대 금속화폐(동전)의 일종으로 화폐 유통을 기반으로 적극적인 경제정책을 펼쳤던 숙종 7년(1102)에 주조되었다.

해동중보 : 고려시대의 화폐로 우리나라에서 최초로 만들어진 주화 중 하나다. 정확한 연대는 알 수 없다.

당백전 : 조선시대 대원군이 경복궁 중건으로 인한 재정적 궁핍을 해결하기 위하여 만든 화폐. 법정 가치는 상평통보의 100배였지만 실제 가치는 이에 크게 미치지 못하여 화폐 가치의 폭락을 가져왔다.

상평통보 : 조선시대에 쓰인 엽전

아름답구나,
고려의 건축

부석사 배흘림 기둥

연관 키워드

#주심포 양식 #다포 양식 #파주 용미리 석불입상
#수월관음도 #월정사 8각9층 석탑

부석사 무량수전 배홀림기둥*에 기대어 서서

팔자 모양 **팔작지붕***의 수려함과

주심포 양식*의 아름다움을 노래하노라!

고려 후기 **성불사 응진전**의

다포 양식*, **맞배지붕***도 부족함이 없구나!

팩트 체크

☑ "성불사 깊은 밤에 그윽한 풍경소리, 주승은 잠이 들고~♬"
이은상 시, 홍난파 작곡의 가곡 〈성불사의 밤〉에 나오는 절이 바로 성불사다.
소재지는 황해도 사리원 정방산이다("성불사 응진전에 다포양식 맞배지붕, 주승은
잠이 들고~♬").

☑ 고려 전기 : 주심포 양식 유행(부석사 무량수전, 봉정사 극락전, 수덕사 대웅전 등)

☑ 고려 후기 : 다포 양식 유행(성불사 응진전은 조선시대 사찰 건축에 영향을 미쳤다)

배홀림기둥 : 건물의 조화와 안정을 위하여 기둥 중간 부분의 배가 약간 부르도록 만든 건축
양식이다.
팔작지붕 : 합각지붕이라고도 한다. 위 절반은 박공지붕으로 되어 있고 아래 절반은 네모꼴로
된 지붕이다.
주심포 양식 : 지붕의 무게를 분산하기 위해 기둥(柱) 위 중심(心)에만 공포(包, 짜임새)를 만든
건축 양식이다. 맞배지붕에 많이 나타난다.
다포 양식 :건물 외양을 화려하게 만들려고 기둥 위는 물론 기둥과 기둥 사이에도 공포(包)를
많이(多) 설치한 양식이다.
맞배지붕 : 박공지붕과 같은 말이다. 건물의 모서리에 추녀가 없이 용마루까지 측면 벽이 삼각
형으로 된 지붕이다.

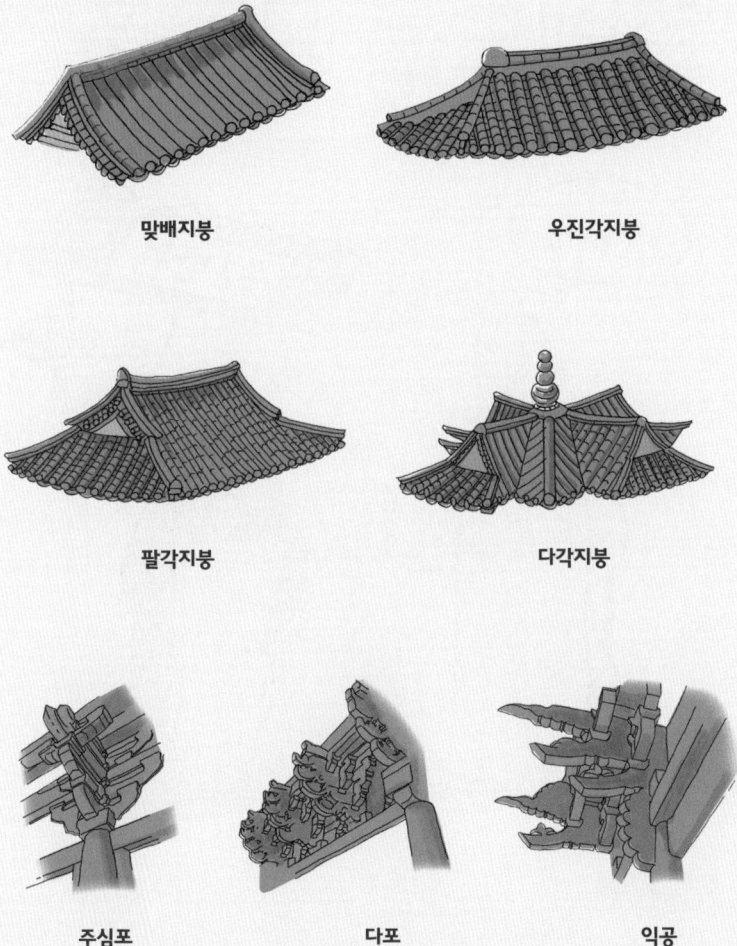

맞배지붕

우진각지붕

팔각지붕

다각지붕

주심포

다포

익공

고려 후기
트렌드는 몽골풍

맛집이요!

몽고반점

변발(주변머리)의 황비홍, 대낮부터 소주에 취해 비틀대다

연지·곤지 찍고 족두리 쓴 어여쁘고 어린 신부에게 다가가니

신부 얼굴에 수심이 가득하구나!

"몽골에 공녀로 끌려가지 않으려고 이렇게 어린 나이에 결혼을(조혼)… "

면구해진 황비홍 고개 숙여 읊조리니

"몽골을 대신해 제가 깊이 사과를 드립니다!"

지나가던 장사치 이 광경을 보고서

"거 참으로 기특한 청년일세. 주모, 여기 임금님 수라처럼 푸짐하게

설렁탕이랑 만두 한 상 차려 내오시게."

팩트 체크

☑ 우리 문화 속 몽골풍 : 변발*, 연지·곤지, 족두리, 조혼 풍습, 소주, 설렁탕, 만두, 수라, 마누라, ○○치(장사치, 벼슬아치, 양아치 등. 몽고 집정관인 다루가치의 '치'에서 유래)

변발 : 몽골인이나 만주인의 풍습으로, 남자의 머리를 뒷부분만 남기고 나머지 부분을 깎아 뒤로 길게 땋아 늘임. 또는 그런 머리를 일컫는다.

노국공주여,
나도 곧 그대를
따라 가리다

#노국공주 #홍건적 #안동놋다리밟기 #쌍성총관부
#변발금지 #몽골풍 폐지 #정동행성이문소 #원나라 공공의
적 #기철 & 기황후 #전민변정도감 #신돈

혼란의 시기였던 고려 말, **원나라**에 **대항**하여 **북진 영토회복**을 위해 노력하고 **고려의 자주성을 지키고자** 끊임없이 번뇌하고 **왕 고민했던 분**이 있어요. 바로, **공민왕**입니다. 왕비인 노국공주에 대한 애틋한 사랑만큼 조국 고려에 대한 사랑이 컸던 공민왕! 그의 운명이 끝남과 함께 고려의 국운도 다했다는 평가가 결코 과장은 아닌 것 같습니다.

팩트 체크

☑ 반원 자주 정책 : 기철 등 친원 세력을 제거하고 정동행성이문소* 폐지, 쌍성총관부*를 공격하여 철령 이북의 땅 수복, 몽골풍 폐지

☑ 왕권강화 정책 : 전민변정도감*을 설치하여 권문세족의 경제기반을 약화시킴, 신돈을 등용하여 개혁 단행(불법 노비들을 양민으로 해방), 신진사대부를 등용하기 위해 왕권을 제약하던 정방 폐지

정동행성이문소 : 일본(東)을 정복(征)하러 가기(行) 위해 설치한 관청(省)이란 뜻으로 고려 충렬왕 때 중국 원나라가 고려의 개경에 두었던 관아이다. 원나라의 관리를 두어 고려의 내정을 감시하고 간섭했다.
쌍성총관부 : 고려 고종 45년(1258)에 중국 원나라가 지금의 함경남도 영흥인 화주 이북을 통치하기 위하여 둔 관아. 공민왕 5년(1356)에 동북 병마사 유인우가 이끄는 고려의 군대가 탈환하여 이를 폐하고 화주목(和州牧)을 두었다.
전민변정도감 : 고려 말, 토지(田)와 농민(民)의 실태를 파악(辨)하고 정리(整)하는 일을 총괄(都)하기 위해 설치한 임시 관아(監). 권신들의 토지 겸병에 뒤따르는 농민들의 노비화를 막기 위한 것이었으나 귀족들의 반발로 별다른 성과를 거두지는 못했다.

트와이스 여행사와 떠나는 고려시대 투어

1일차_고려의 성립과 통치체제의 정비

가이드 : 여러분, 다시 만나 반갑습니다. 트와이스 여행사가 준비한 네 번째 여행지는 10세기 중세에 해당하는 고려입니다. 지난 남북국시대(통일신라와 발해)투어까지 세 번의 역사 여행에 참가해주신 분들의 한국사 실력이 부쩍 늘었다는 소문을 들었는데, 맞죠?

학생들 : 예, 역사 공부가 좀 만만해졌어요.

가이드 : 와우, 축하의 의미로 박수! 그렇지만 고려시대부터가 시험에도 많이 나오고 외워야 할 것도 많으니 마음 단단히 먹고 여행을 시작할까요? 오늘은 첫 번째 날이니 고려의 성립과 초기 통치체제의 정비에 대해서 가볍게 알아볼까 합니다. 그 전에 특별 손님으로 29분의 여성분들을 모셨는데 이분들을 먼저 소개할게요.

학생들 : 누구지? 얼굴이나 복장이 옛날 분들 같은데….

가이드 : 이분들은 모두 태조 왕건의 부인입니다. 호족 통합을 이유로 무려 29번이나 결혼하신 거 다 아시죠? 예, 저기 손을 번쩍 드신 분, 말씀하세요!

28번째 부인 : 저, 우리 그이가 정말 29번 결혼하신 거 맞나요? 제가 28번째이자 마지막 사랑이라고 몇 번을 말하셨는데. 흐윽, 그이 지금 어디 있어욧!

가이드 : 죄송합니다. 이런 사태가 일어날까 봐 태조 왕건님은 모시지 않았습니다. 자, 왕건은 고려 건국과 함께 세율은 1/10로 낮추고 빈민구제 기관인 흑창을 설치하셨죠. 그 외 어떤 업적이 또 있을까요?

학생들 : 서경(평양)을 중시하고 발해 유민들을 포용하는 북진정책을 실시했습니다!

가이드 : 퍼펙트! 그럼, 왕권강화를 위해 노력한 4대왕 광종의 5대 업적을 말

해볼까요?

학생 대표 : 노비안검법 실시, 과거제도 시행, 공복제정, 황제 칭호, 중국과 다른 독자적인 연호사용, 이상 5가지입니다.

가이드 : 역시, 대표답습니다! 마지막으로 초기 3대 주요 왕 중 한 분인 6대 왕 성종의 주요 업적을 살펴볼게요. 성종은 유교정치 강화를 위해 힘쓰셨답니다. 최승로의 시무 28조 채택, 국자감 정비, 고려 최초의 화폐인 건원중보를 주조하셨고요, 특히 많은 분들이 헷갈려 하시는데 과거제도를 정비하셨답니다. 그럼 과거제도 시행은 누가 했나요?

학생들 : 광종이요! 아까 말씀하셨잖아요.

가이드 : 예, 지금까지 배운 내용들 잘 기억해두시고요. 오늘 점심은 특식으로 꿩고기 바비큐 요리를 대접하겠습니다. 렛쓰 고려!

알쓸역팁

- 고려의 주도 세력: 호족+6두품 ⇨ 문벌귀족(중앙호족) ⇨ 무신정권 ⇨ 권문세족 ⇨ 신진사대부(온건파/혁명파)
- 태조 왕건 : 민생안정책(1/10로 조세 감면), 호족정책(정략결혼, 역분전*, 사심관제도*, 기인제도), 북진정책(영토 확장)
- 광종 : 왕권강화에 중점, 노비안검법, 과거제 시행, 공복 제정, 칭제건원
- 경종 : 시정전시과* 시행
- 성종 : 2성 6부제 확립, 지방 12목 개편(지방관 및 향리제), 유학 장려, 국자감 정비, 과거제 정비

역분전 : 고려 태조가 시행한 토지 분급 제도. 공신들에게 그 공로에 따라 토지를 나누어 주었는데, 뒤에 공훈전으로 발전했다. 일한 바(役)에 따라 나누어준(分) 토지(田)라는 뜻이다.
사심관제도 : 호족 출신의 공신들을 자기 출신 지역의 일(事)을 살피게(審) 하는 관리(官)로 임명하는 제도
시정전시과 : 고려에서 976년(경종 1)에 처음으로 제정한(始定) 토지제도. 분급기준으로 관품(官品)과 인품(人品)을 적용했다. 전시과는 곡물을 재배하는 전지(田地)와 땔 나무를 공급해주는 시지(柴地)를 아울러 분급했기에 붙여진 이름이다.

2일차_고려의 대표적인 탑과 고려청자

가이드 : 오늘은 '2018 평창 동계올림픽' 개최도시인 강원도 평창을 찾았습니다. 물론 스키점프를 하러 온 건 아니고요. 이곳 평창 오대산에 위치한 월정사 팔각 구층 석탑을 관람하며 둘째 날 일정을 시작할까 합니다. 고려 문화와 예술의 특징을 한 단어로 정의한다면 어떤 말이 가장 적합할까요?

학생들 : 고려니까, 음… 결정 장애, 망설임, 배려?

가이드 : 그건 절대 아니고요! 송과 원의 영향을 받은 화려함이라 말할 수 있을 것 같아요. 12세기에 만들어진 월정사 팔각 구층 석탑은 송나라의 영향을 받은 다각다층탑으로 문벌귀족의 화려하고 사치스런 면모를 잘 드러낸 작품인데요. 사치와 방탕을 일삼았던 고려의 문벌귀족들은 어떤 비극적인 상황을 맞이하게 될까요?

학생들 : 12세기 말인 1170년부터 100년간 무신들의 지배를 받아요.

가이드 : 그렇죠. 일명 최씨 무신정권이라 불리는 무신들의 지배기, 정·경·이·최(정중부→경대승→이의민→최충헌)의 지배 순서도 꼭 기억해두세요. 그럼, 다시 탑에 대해 알아볼게요. 14세기 원나라의 영향을 받은 목조건축양식을 적용한 대리석 석탑은 무엇일까요? 국립중앙박물관에 전시되어 있는데!

학생들 : 맞다! 경천사지 10층 석탑이요.

가이드 : 좋습니다. 이 탑의 영향을 받아 조선 초기 세조가 원각사지 10층 석탑을 만들었다는 것도 함께 알아두세요. 마지막으로 고려는 뛰어난 상감기법을 활용한 청자로 유명하죠. 일명 고려청자! 자, 그럼 준비된 도시락과 생수 받으시고, 월정사 일주문을 시작으로 천년의 숲 오대산 등반을 시작하겠습니다.

학생들 : (웅성대며) 뭐라고요? 일정에 산행은 없었는데! (ㅠㅠ)

- 대표적인 청자 : 청자 칠보투각향로*, 청자 상감운학문 매병*, 청자 진사연화문 표형주자*
- 무신정권의 탄생 : 무신정변(1170)으로 무신정권이 탄생하다.
- 이의방 ⇨ 정중부 ⇨ 경대승 ⇨ 이의민(중방)
- 최충헌 : 교정도감(삼별초, 도방)+정방(인사권)
- 최우 : 강화도 천도
- 공민왕의 개혁정책 : 공조 세력으로 신돈과 신진사대부가 있다. 원 간섭기에 득세했던 권 문세족을 약화하기 위해 기철을 제거하고, 정방을 폐지했으며, 전민변정도감을 설치했다. 전민변정도감은 권문세족의 경제적 기반을 약화하고, 국가의 재정을 확보하기 위한 노력의 일환이었다.
- 신진세력 등장 : 요동정벌 반대 ⇨ 위화도 회군 ⇨ 과전법* 단행 ⇨ 조선 건국(1392)

청자 칠보투각향로 (국보95호) 청자 상감운학문 매병 청자 진사연화문 표형주자

청자 칠보투각향로 : 12C, 상감기법을 적용한 향로로 향이 빠져나가는 뚜껑과 향을 태우는 몸통, 그리고 이를 지탱하는 받침으로 이루어졌다.

청자 상감운학문 매병 : 13C, 대표적인 상감청자로 구름과 학의 문양이 새겨졌다.

청자 진사연화문 표형주자 : 13C, 최항의 무덤에서 출토된 것으로 고려청자에 붉은 색을 띠는 진사를 곁들인 장식을 사용한 표주박 모양의 주전자다.

과전법 : 관직의 등급(科)에 따라 토지(田)를 나누어준 제도. 고려 공양왕 3년(1391)에 귀족들의 대토지 소유에 따른 국가 재정의 고갈 문제를 해결하기 위해 이성계를 비롯한 조준 등 신진 사대부들이 주동이 되어 실시했다. 토지의 국유화를 원칙으로 공전(公田)을 확대하고 사전(私田)의 분급은 일정한 제한을 두었으며, 조선 초기 양반 관료 사회의 경제 기반을 이루었다.

3일차_스페셜 게스트 묘청 스님과 함께

가이드 : 어제 오대산 등반이 많이 힘들었죠? 그래서 오늘은 브런치를 먹고 조금 늦게 모였습니다. 다들 괜찮으시죠?

학생들 : 흥, 또 산에 간다면 다음 여행엔 절대 참가하지 않을 거예요!

가이드 : 공부도 중요하지만 무엇보다 건강이 우선이니 평소에도 가까운 산에 자주 올라가보세요. 오늘은 특별히 일일 스페셜 게스트 한 분을 모셨습니다. 원래는 두 분을 모시기로 했는데 한 분이 한사코 거부하셔서요. 『삼국사기』라는 책을 쓰시느라 많이 힘 드셨다고도 하고, 귀족 출신인데다 특히 오늘 오신 분과는 사이도 안 좋으셔서요.

학생들 : 그럼 묘청스님이 오신 거예요? 와우~ 대 to the 박!

가이드 : 소개합니다. 김부식과 영원한 앙숙이자 고려시대 대표적인 흙수저, 묘청님!(일동 우레와 같은 박수)

묘 청 : 방금 소개받은 묘청입니다. 아쉽지만 저의 파트너인 정지상은 일이 있어 함께 못 왔고요. 고구려 계승의식을 내세운 서경 천도의 대표 주자로 이 자리에 서게 된 걸 기쁘게 생각합니다. 혹시 여러분은 제가 내건 5가지의 주장을 알고 계십니까?

학생들 : 그럼요. 칭제건원론(왕을 황제라 칭하고 연호를 사용하자), 연호를 천개로 개정, 국호를 대위로 개정, 서경(평양)으로 수도 이전을 주장하셨죠. 마지막으로 금나라(금여진 기억하시죠? 여진족이 세움) 정벌에 나섰고요!

묘 청 : 잊지 않고 기억해주셔서 감사합니다. 그럼 말 나온 김에 우리 모두 지금 당장 서경(평양)으로 가봅시다!

가이드 : 선생님, 죄송하지만 사정상 그곳엔 갈 수가 없어요.

묘 청 : 정말입네까? 아, 난 서경에 살 운명이 못 되나보오.

가이드 : 안동소주라도 드시면서 화를 푸시는 게 어떨지요?

알쏠역팁

- 묘청 : 칭제건원론, 연호 개정(천개), 국호 개정(대위), 서경(평양) 천도, 금나라 정벌
- 고려 지배층의 변화 : 중앙에서는 호족 ⇨ 문벌귀족 ⇨ 권문세족으로, 지방에서는 호족 ⇨ 향리 ⇨ 신진사대부로 권력 이동
- 고려 중류층 : 주로 하급관리. 잡류(중앙관청 실무 담당), 남반(궁궐 실무 담당), 향리(지방행정 담당), 군반(직업군인), 역리(역 관할)
- 고려 피지배층 : 양민과 천민으로 나누어짐. 양민은 백정(일반 농민)과 향소 부곡민으로, 천민은 노(남자)와 비(여자)로 나뉘었다.
- 안동소주의 유래 : 13세기 원나라가 일본 정벌을 준비하면서 병참기지가 있던 안동 지역의 군사들에게 소주를 공급하기 위해 주조했다.

4일차_우리 사회에 전해진 몽고 풍습

가이드 : 오늘이 벌써 고려시대 투어의 마지막 날이네요. 매번 느끼는 거지
만 역사 여행은 단체 쇼핑도 안 하는데 보고 기억해야 할 것들이
많아서인지 언제나 시간이 부족한 것 같습니다.

학생들 : 맞아요, 그런데 여행을 거듭할수록 마음속에 선조들에 대한 자부심
과 고마움이 쌓이는 것 같아요!

가이드 : 이럴 수가! 나날이 성장하는 여러분의 역사의식을 보며 가이드로서
큰 보람을 느낍니다. 조금 전 점심식사로 몽고반점에서 설렁탕과 만
두를 드셨는데 어떤 의미가 있는지 아시나요?

학생들 : 우리 음식문화에 남아 있는 고려시대 몽골 풍습이요.

가이드 : 그래요, 그 외에도 소주, 수라, 변발, 연지·곤지, 족두리, 조혼 등이
대표적인 몽골풍이고요. 마누라, 무수리, 마마 및 장사치, 벼슬아치
등 '~치'라 부르는 것도 다 몽고의 영향이죠. 지금은 변발을 하고
다니는 사람이 없지만, 쉽게 설명 드리면 중국 영화 주인공인 황비
홍의 모습이 바로 변발이랍니다. 이번 여행의 기념품으로 특별 제작
한 성종 임금이 만드신 고려 최초의 화폐 건원중보 모형 동전세트
를 드릴까 합니다.

학생들 : 저요, 저요! 저부터 주세요.

가이드 : 알겠습니다. 모두들 참석하실 거라 믿고 한 분씩 순서대로 나누어
드릴게요. 이번 여행도 우리 역사에 대한 자긍심을 마음에 가득 담
아가는 뜻 깊은 시간이 되셨길 바라며, 다음 조선시대 투어에서 또
만나요.

알쓸역팁

- 초기 대외관계 : 고구려 계승의식이 높아 자주적이었다. 거란(요나라)의 침입에 맞서 서희(강동 6주), 강감찬(귀주대첩)이 활약했다.
- 중기 대외관계 : 신라 계승의식이 두드러진 시기로 여진(금나라)과 맞섰으며, 윤관(별무반, 동북 9성), 묘청(서경천도운동)이 활약했다.
- 무신정권 : 원나라에 맞서 최우(강화도 천도), 배중손(삼별초 항쟁)이 활약했다.
- 원 간섭기 : 영토 축소, 관제 개편, 내정간섭, 권문세족의 득세(음서제도*)
- 몽골 궁중에서 유래한 호칭 : 마마(왕과 왕비 등 궁중의 최고 어른에게 붙이는 말), 수라(임금의 음식), 무수리(잡일을 하는 궁녀), 마누라(원래 세자와 세자빈을 뜻했으나 고려에서는 일반 평민의 아내를 뜻하는 말로 사용)

음서제도 : 공신이나 전·현직 고관의 자제를 과거에 의하지 않고 관리로 채용하던 일. 조상의 덕을 입은(蔭) 자손에게 관직을 주는(敍) 제도라는 뜻이다. 고려시대 문벌귀족에게 주어진 일종의 정치적 특권으로 공신이나 5품 이상 관리의 자손은 과거를 치르지 않고 관리가 될 수 있었다.

조선을 이끈 주도
세력을 알아볼까?

고려 말 **역성혁명**을 통해 마침내 1392년 **조선왕조**를 건국한 **태조 이성계!** 역성혁명이란 우왕과 최영 장군이 요동 정벌론을 내세우며 눈엣가시와도 같은 존재인 이성계를 요동지방으로 보내자 이성계가 '역성'을 내며 위화도 회군을 한 것이 아니고(^^), 왕조의 성이 "왕씨에서 이씨로 바뀌었다"는 뜻입니다(易姓革命). 정도전 등 신진사대부의 도움을 받아 개국한 조선은 조선 중기까지 **훈구파**(관학파)와 **사림파** 간의 끝없는 세력 다툼으로 갈등이 끊이지 않습니다.

팩트 체크

☑ **조선 전기 체제 정비**
- 태조 : 재상 중심 정치(정도전)를 펼침. 『조선경국전』(법), 『경제문감』(경제), 『불씨잡변』(불교 비판)
- 태종 : 왕권강화, 6조 직계제로 개편(왕 ⇄ 의정부 → 6조에서 왕 ⇄ 6조로), 사병혁파, 억울한 노비 해방, 사간원 독립, 호패법, 양전사업
- 세종 : 의정부서사제(왕 ⇄ 의정부), 집현전, 4군6진 개척, 대마도 정벌
- 세조 : 계유정란(→ 훈구파), 6조 직계제, 집현전 폐지, 『경국대전』 편찬 시작
- 성종 : 의정부 서사제, 홍문관(경연, 서연), 『경국대전』 완성
- 훈구파(관학파): 역성혁명을 찬성하며 조선 초 세조를 도와 공을 세운 공신들이다(공훈에 따른 훈장을 구하는 파로 기억하자). 조선건국부터 15세기에 걸쳐 활동했다.
- 사림파: 역성혁명에 반대하며 초야와 숲(林)에 은둔하며 몸을 사림(^^). 성종 때 훈구세력을 견제할 목적으로 중앙 정계로 등용했다. 후에 4대 사화로 큰 타격을 입었다. 16세기 이후 득세했다.

서울의 4대문은 '인의예지신'

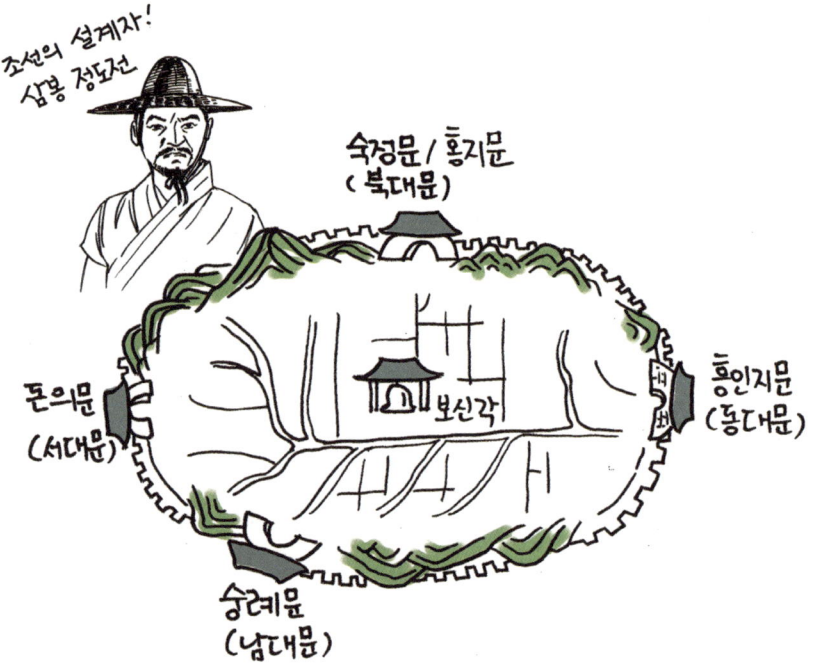

조선의 설계자!
삼봉 정도전

숙정문 / 홍지문
(북대문)

보신각

돈의문
(서대문)

흥인지문
(동대문)

숭례문
(남대문)

연관 키워드

#인의예지신 #이명박 숭례문 화재

#보신각 타종행사 #삼봉 정도전 #민본사상 #경복궁 근정전

조선의 건국공신 정도전은 새롭게 탄생한 국가인 조선에 유교의 이상을 오래도록 담고 싶어 했습니다. 그래서 **동서남북에 4대문**을 세우고 **유교의 근본 원리**인 **인의예지신(仁義禮智信)**을 넣어 이름을 붙입니다. **인**은 흥인지문(동대문, 보물 제1호), **의**는 돈의문(서대문), **예**는 숭례문(남대문, 국보 제1호), **지**는 홍지문(또는 숙정문/ 북대문)입니다. 그리고 마지막 남은 한 글자인 **신**은 사대문 중앙에 위치한 **보신각**(제야의 종 타종 행사로 유명한 곳)에 사용했습니다. 서울의 4대문에 이렇게 깊은 뜻이! 어때요, 알고 나니 참 쉽죠?

팩트 체크

종목	명칭	소재지
국보 제 1호	서울 숭례문	서울 중구
국보 제 2호	서울 원각사지 10층 석탑	서울 종로구
국보 제 3호	서울 북한산 신라 진흥왕 순수비	서울 용산구
국보 제 4호	여주 고달사지 승탑	경기 여주시
국보 제 5호	보은 법주사 쌍사자 석등	충북 보은군
국보 제 6호	충주 탑평리 7층 석탑	충북 충주시
국보 제 7호	천안 봉선홍경사 갈기비	충남 천안시
국보 제 8호	보령 성주사지 낭혜화상탑비	충남 보령시
국보 제 9호	부여 정림사지 5층 석탑	충남 부여군
국보 제 10호	남원 실상사 백장암 3층 석탑	전북 남원시

조선의 행정조직,
왜 이리 복잡하지?

연관 키워드

#왕명출납 #유향소 #삼사의 기세 #음서제

조선 초기의 어느 날, 왕이 가장 아끼는 **비서 승정원**과 함께 **성균관**과 **춘추관**에서 공부에 여념이 없는 동생(본명: 이병호)을 부릅니다. "이병호! 오늘 형이랑 같이 **한성부**를 벗어나 모처럼 바람 좀 쐬러 **의정부**로 가자"고 말합니다. 하지만 동생은 "형~, 저는 공부하느라 바빠요. 기세등등한 **삼사**를 다스리려면 공부 열심히 해야죠." 하면서 들은 척만 척 건성으로 대답합니다. 이에 크게 맘 상한 형이 이렇게 외쳤어요. "고얀지고! 저놈을 당장 **의금부**로 압송하라!"(믿거나 말거나^^)

팩트 체크

☑ **조선의 중앙정치조직** : 의정부(정책 심의, 결정, 국정 총괄/영의정, 우의정, 좌의정), 6조(이조, 병조, 호조, 예조, 형조, 공조), 승정원(왕의 비서기관), 성균관(최고 교육기관), 춘추관(역사서 보급 및 편찬), 삼사(사헌부, 사간원, 홍문관), 한성부(한성, 즉 서울의 행정과 치안 담당), 의금부(왕의 직속 사법기관, 반역죄 조사)

☑ **조선의 지방행정조직** : 8도(관찰사) ⇨ 부(부사) ⇨ 목(목사) ⇨ 군(군수) ⇨ 현(현령), 지방관(행정권, 군사권, 사법권), 하부단위조직으로는 면(면리) ⇨ 리(리정) ⇨ 통(통주)이 있으며 이 단위에는 지방관을 파견하지 않았다. 그 밖에 상피제*, 향리(수령보좌)가 있다.

☑ **군역제** : 국가가 국민을 군대(軍)에 강제로 복무하게 하는 것(役), 양인(사농공상) 개병제로 농병일치제 적용. 중앙군은 5위체제(정군+특수군+갑사), 지방군은 진관체제(지역방어), 정규군은 5위영진군체제, 비정규군은 잡색군

☑ **관리등용제도** : 과거(문과, 무과, 잡과), 천거(현량과), 음서(2품 이상, 고위관직 불가), 취재(하급실무직)를 통해 관리를 선발했다.

상피제 : 친족이 같은 곳에서 벼슬하는 일을 서로(相) 피하는(避) 제도

동인   서인   남인   북인

함께 있을 때 우린 피 터지게 싸웠다!

친한 친구끼리 만든 당

붕당

연관 키워드

#이조전랑 #붕당정치 #김종직 조의제문 #노론 소론
#예송논쟁 #서원과 향약

사화는 '사림이 **화**를 입다'라고 이해하면 됩니다. 몇 번이나? 4번이요. 그래서 **4대 사화**라고 합니다. 결과는 어땠을까요? **서원**과 **향약**을 통해 향촌사회(지방)에서 사림세력을 확대하고, **조선 중기 이후 주도권**을 잡았습니다.

붕당은 '**붕우**(朋友, 친한 친구)끼리 모여서 만든 **당**'이라고 이해하세요. 누가? **16세기**(조선 중기)에 정권을 장악한 사림들인데요. **이조전랑**(인사권을 쥐고 있는 관직이라 매우 중요) 자리를 놓고 사림끼리 치열하게 다퉜습니다. 그 결과, **동인**(강경파)과 **서인**(온건파)으로 분열되었다가 그 후 동인은 다시 **남인**(지도층이 남산 아래 살아서)과 **북인**(지도층이 북악산 아래 살아서)으로 분파되지요. 붕당정치의 키워드는 "우리가 남이가!", "서로 도와서 함께 살자", 즉 공존(共存)이랍니다.

팩트 체크

☑ **붕당의 출현** : 사림의 갈래는 동인(훈구파 척신, 서경덕, 조식, 이황)과 서인(훈구파 청산, 이이, 성혼). 붕당 순서는 동서남북으로 기억하자.

☑ **예송논쟁***(서인 vs. 남인) ⇨ 숙종의 환국정책(최종 승리는 온건파 서인) ⇨ **탕평정치***(영·정조)로 이어지는 것이 조선 중기 이후 정치 지배세력 변화의 핵심

예송논쟁 : 예절(禮)을 둘러싼 논쟁(訟)이란 뜻으로 조선 후기 현종, 숙종 대에 걸쳐 효종과 효종비가 죽은 뒤, 인조의 계비이자 효종의 새어머니인 조대비가 얼마 동안 상복을 입느냐 하는 문제를 두고 벌어진 논쟁이다.
탕평정치 : 치우치지 않고 공평한(蕩平) 정책(策)이란 뜻으로 조선 영조 때에, 당쟁의 폐단을 없애기 위하여 각 당파에서 고르게 인재를 등용하던 정책이다.

성학십도와
성학집요, 늘 헷갈려!

연관 키워드

#이기이원론* #주기론* #숙종 장희빈 #수렴첨정 #노론
송시열 #시파

조선시대의 최고의 성리학자는 **퇴계 이황**과 **율곡 이이**. 두 분 중 이황 선생이 이이 선생에 비해 삼촌뻘 되는 어른이죠. 어느 날, 두 사람이 만나고 난 후 궁금해 하는 제자들에게 이황 선생이 이렇게 말씀하셔요. "성학을 탐구하는 이이의 집요함이 무섭구나!" 후일 **이이** 선생은 『**성학집요**』[*]를 저술하십니다(현명한 신하가 성학을 군주에게 (집요하게) 가르쳐 그 기질을 변화시켜야 한다는 말씀). 반면, **이황** 선생은 '군주 스스로가 성학을 따를 것'을 제시한 『**성학십도**』[*]를 저술하셨습니다.

팩트 체크

- ☑ 퇴계 이황을 따르는 이들은 '동인'(성학십도, 왕>사대부, 이기이원론, 영남학파), 율곡 이이를 따르는 이들은 '서인'(성학집요, 왕=사대부, 주기론, 기호학파)

- ☑ 조선 초기 : 훈구파 지배

- ☑ 조선 중기 : ('4대 사화'를 겪은 후) 사림이 승리 ⇨ 다양한 학파로 인해 '붕당' 출현(이황의 동인과 이이의 서인으로 분파 → 동인은 다시 남인과 북인으로 나누어짐) ⇨ 인조반정으로 광해군 실각, 북인 아웃! ⇨ 남인과 서인은 예송논쟁(17세기 현종)을 겪으며 잠시 공존 ⇨ 숙종의 3대 환국정책(장희빈과 함께 남인 아웃! 서인 최종 승리) ⇨ 혼자 남은 서인은 또 노론과 소론으로 분파!(지겹다, 뭉치질 못하네) ⇨ 노론(대표주자 송시열)의 장기집권 체제(경종에서 영·정조 때까지) ⇨ 노론은 다시 시파와 벽파로 분리!

- ☑ 결론 : 1800년대 순조 때 수렴청정의 아이콘, 정순대비가 죽은 후 벽파가 아웃되고 최종 승자 '시파'만 남아(시파, 어째 이름이 맘에 안 들더니 결국) 이들이 세도정치의 주역이 됨!

성학집요 : 조선시대에 이이가 『대학(大學)』의 본뜻을 따라서 성현들의 말을 인용하고 설명을 붙인 책. 통설(統說), 수기(修己), 정가(正家), 위정(爲政), 성학도통(聖學道統)의 다섯 편으로 되어 있다.

성학십도 : 조선 선조 1년(1568)에 이황이 성학(聖學)의 개요를 그림으로 설명한 책이다. 성학과 심법(心法)의 요점을 설명하기 위하여 여러 성리학자들의 도설(圖說)을 취사하여 채택하고, 자신의 의견을 첨부하였다.

이기이원론 : 중국 송나라의 정이천(程伊川)에서 비롯하여 주자에 의해서 계승 발전된 이기이원(理氣二元)의 형이상학설. 우주는 형이상의 것인 이(理)와 형이하의 것인 기(氣)로 구성되어 있으며, 이기(理氣)의 결합에 의하여 만물이 생성된다는 학설이다.

주기론 : 조선 성리학의 2대 흐름의 하나. 우주의 근원적 존재를 추상적인 이(理)보다는 물질적인 기(氣)에서 구하여야 한다고 주장한 것으로 기대승과 이이가 대표자이다.

그분이 알고 싶다1

연관 키워드

#세종대왕 #용비어천가 #월인천강지곡 #이도
#천상열차분야지도 #신기전 #세종대왕 성인병

\# 경복궁 내 집현전 서가를 거닐며 생각에 잠긴 사회자

사회자 : 오늘 우리는 참으로 위대한 한 인물에 대해 얘기해보려 합니다. 애민정책을 근간으로 지금 우리가 쓰고 있는 한글, 훈민정음을 반포하시고 집현전을 세워 학문 연구에 힘쓰셨던 분, 쓰시마정벌 및 4군6진*을 설치하여 북방영토를 확장하고 지금의 우리나라 영토를 만드신 분, 천상열차분야지도* 제작, 『농사직설』* 편찬, 소학·주자가례*·삼강행실도 보급, 혼의(혼천의)*, 간의*, 측우기, 해시계, 물시계(자격루) 등 발명, 국악의 기초 확립, 악기개조 및 재정비, 아악정리에 이르기까지 왕권과 신권의 조화를 추구하며 찬란한 문물을 꽃피운 성군입니다. 바로 5천년 역사상 광개토대왕과 함께 '대왕'으로 불리는 그분, 바로 조선의 4대왕 세종대왕입니다.

\#S.E(음향효과, '그분이 알고 싶다' 시그널 뮤직)

사회자 : 그런데 말입니다. 이렇게 위대한 세종대왕에게도 치명적인 단점이 있었는데요. 다름 아닌 고기를 너무나 사랑하시어 고기반찬이 없으면 식사를 거부하셨고 이로 인해 각종 성인병에 시달렸다는 사실입니다. 세종대왕께서 전하는 마지막 가르침은 바로 이것입니다. "여러분, 고기만 먹으면 안 돼요!"

팩트 체크

☑ 의정부 서사제, 집현전, 4군6진*, 대마도 정벌, 천상열차분야지도*, 『농사
직설』*, 소학·주자가례*·삼강행실도 보급, 혼의(혼천의)*, 간의*, 측우기,
해시계, 물시계(자격루) 등 발명, 국악의 기초 확립, 악기개조 및 재정비,
아악정리

4군6진 : 조선 세종 때 여진족을 몰아내고 설치한 행정 구역이다.

천상열차분야지도 : 조선 숙종 때, 돌에 새긴 천문도의 탁본. 숙종 때의 천문도는 태조 때의 천
문도를 다시 새 돌에 새긴 것이다.

농사직설 : 조선 세종 11년(1429)에 정초 등이 지은 농서. 각 도(道)의 관찰사가 경험 많은 농부
들에게서 들은 농사에 관한 지식을 모아 엮었다. 오늘날 전하는 가장 오래된 농서이며, 우리말
로 된 곡식 이름을 향찰과 이두로 적었다.

주자가례 : 중국 명나라 때에 구준(丘濬)이 가정에서 지켜야 할 예의범절(家禮)에 관한 주자(朱
子)의 학설을 수집하여 만든 책으로 관혼상제에 관한 사항을 담았다.

혼의 : 고대 중국에서 천체의 운행과 위치를 관측하던 장치. 지평선을 나타내는 둥근 고리와
지평선에 직각으로 교차하는 자오선을 나타내는 둥근 고리, 하늘의 적도와 위도 따위를 나타
내는 눈금이 달린 원형의 고리를 한데 짜 맞추어 만든 것이다.

간의 : 조선시대에 천체의 운행과 현상을 관측하던 기구의 하나. 세종 14년(1432)에, 이천·장영
실 등이 나무로 만들어 실험에 성공하자 구리로 다시 제작하였다.

조선시대 4대 사화 _무갑기을

연산군 왈, "무오? 사림의 **김종직**이란 자가 **조의제문**을 썼다고? 내 훈구파를 시켜 사림을 처단하리라."(무오사화) "연산군 전하, 갑자기 생모 윤씨의 폐위사건을 들먹이시면 어찌하십니까?" 연산군 왈, "내 이번엔 사림과 훈구 모두를 처단하리라!"(갑자사화)

중종 왈, "기묘한 일이로구나, 그토록 믿었던 사림의 조광조가 반역을 꾀하다니! 이번에도 훈구파를 시켜 사림을 멸족할 것이야!"(기묘사화)

명종 왈, "을사년 이 평화로운 시절에 외척 간에 왕위다툼을 일삼다니. 둘 다 절대 용서할 수 없소."(을사사화)

팩트 체크

☑ **무오사화(연산군)** : 사림 김종직의 제자인 김일손이 김종직이 쓴 「조의제문」 (초나라 의제를 조문함)을 사초(실록)에 수록한 것이 원인(세조의 왕위찬탈을 은유적으로 표현했다는 훈구파의 모함)

☑ **갑자사화(연산군)** : 어머니 폐비 윤씨의 억울한 죽음을 복수하겠다며 난데 없이 광기를 부림. 사림은 물론 훈구파까지 희생. ⇨ 훈구파가 주도한 중종반정으로 연산군이 쫓겨남 ⇨ 중종반정으로 즉위한 중종이 조광조 중용

☑ **기묘사화(중종)** : 조광조의 개혁정치에 불만을 품은 훈구파의 모함으로 사약 받음(주초위왕(走肖爲王))

☑ **을사사화(명종)** : 어린 명종의 섭정을 맡은 문정왕후가 국정을 쥐락펴락. 왕위 계승을 둘러싼 외척간의 갈등이 원인. 대윤(인종의 외숙부인 윤임)과 소윤(문정왕후의 동생인 윤원로, 윤원형 형제)이 다투다가 결국 소윤 승리.

위훈삭제 : 가짜(僞)로 만든 공훈(勳)을 지워버린(削除) 사건. 중종반정 때 공을 세운 신하 중 자격이 미달되는 사람들의 칭호를 박탈하고 토지와 노비를 환수했다.

김태희를 향한
비의 변함없는 사랑

연관 키워드

#비변사 #삼포왜란 #여진족

중　종 : 오늘 인터넷 검색을 하다가 내가 좋아하는 여배우 김태희가 가수 비랑 결혼했다는 엄청난 비보(悲報)를 접했소.

영의정 : 전하, 그게 문제가 아니옵니다. 지금 **남**쪽 지방에는 **삼포왜란**이 일어나고 **북쪽**에서는 **여진족**의 기세가 무섭다고 하옵니다. 왜구와 여진족이 자주 출몰하는 **변방을 늘 대비하여 준비할 수 있는 임시기구**를 만드심이 어떨까 아뢰옵니다.

중　종 : 골치 아픈 일이 한두 가지가 아니로군. 그래 영의정, 그 임시기구의 이름을 뭐라 부르면 좋겠소?

영의정 : (곰곰이 생각하다) 김태희를 향한 **비**의 **변**함없는 **사**랑을 기원하는 뜻으로 줄여서 **비변사**˚라 하면 어떨지요?

중　종 : 알았다. 이제 결혼한 연예인은 그만 잊을 터이니 변방이나 튼튼히 대비하도록 하라!

✅ 팩트 체크

☑ 비변사의 변천 과정
　- 중종(임시기구): 삼포왜란 ⇨ 명종(상설기구): 을묘왜변 ⇨ 선조(기능확대): 임진왜란 ⇨ 흥선대원군(기능약화, 이후 폐지): 왕권강화(의정부 정상화)

비변사 : 조선시대에 군국의 사무를 맡아보던 관아. 중종 때 삼포 왜란의 대책으로 설치한 뒤, 전시에만 두었다가 명종 10년(1555)에 상설 기관이 되었다. 임진왜란 이후에는 의정부를 대신하여 정치의 중추 기관이 되었다.

광해군은 언제나 대·기·중!

언제까지 재조명을...
아 뜨거워 오는데!!

광해군 재조명 중...

연관 키워드

#광해 왕이 된 남자 #대동법 #기유약조 #중립외교 #묘호
#인조반정

조선 중기 임진왜란 이후 피폐해진 조선의 재건이라는 막중한 책임감, 드세진 붕당정치와 이로 인한 권력다툼으로 왕위 보존의 위태함까지 동시에 짊어졌던 광해군의 고뇌! 그 속에서 이룬 주요 업적을 이렇게 기억해봅시다. "**광해군**은 언제나 **대·기·중**!" 여기서 **대**는 **대동법** 실시, **기**는 **기유약조**[*] 체결, **중**은 **중립외교** 실시를 의미합니다. 조선 왕조 27명의 임금 중, 조와 종이라는 묘호를 받지 못한 두 명의 왕이 바로 광해군과 연산군인데요. 한때 왕이었으나 결국 폐위됨으로써 '군'이라는 이름으로 역사에 남은 광해군! 그러나 그는 역사의 재평가를 통해 '광종'으로 불릴 날을 기다리며 언제나 대기 중입니다.

팩트 체크

☑ 광해군의 주요 업적
- 대동법 실시 : 방납의 폐단을 시정하기 위해 실시한 것으로 특산물 대신 쌀, 동전 등으로 납부. 경기지역에 한정하여 실시했다가 숙종 때 전국적으로 실시
- 기유약조 체결 : 부산 동래부에 왜관을 설치하고 기유약조 체결
- 중립외교 실시 : 명과 후금 사이에서 중립정책을 추진(후에 인조반정[*]이 일어나는 명분 제공), 강홍립이 이끄는 부대가 명의 요청으로 파병되었다.
- 허준의 『동의보감』 편찬, 경희궁(서궐) 창건

기유약조 : 조선 광해군 원년(1609) 기유(己酉)에 해마다 일본에서 파송하는 사절의 횟수와 인원수에 대하여 일본과 협의한 약조(約條)로 전문은 11조로 되어 있다.
인조반정 : 광해군 15년(1623)에 김유, 이서, 이귀, 이괄 등 서인(西人) 일파가 인목대비(仁穆大妃)와 모의하여 광해군과 집권당인 대북파를 몰아내고 능양군 즉, 인조(仁祖)를 즉위시킨 일

이번 환국은
누가 뭐래도 서남서
경기갑에서!

연관 키워드

#환국정책 #3대 환국 #인현왕후 장희빈 #동이 #숙종

숙종의 정략적인 **왕권강화책**이었던 **환국정책***. 말 그대로 '국면을 바꾸다'는 뜻인 환국(換局)을 통해 **붕당**(알고 계시죠? 친한 친구끼리 만든 당)을 자주 **교체**함으로써 **왕의 권력**은 강화되었으나 **상대 붕당**(서인과 남인)에 대한 **탄압과 보복**으로 **붕당정치**가 **변질**되는 악순환을 낳게 되었습니다. 이번에는 숙종 때 일어난 세 차례의 환국 이름과 각 환국으로 집권했던 붕당을 쉽게 이해해볼까요? 숙종 왈, "이번 **환국**엔 한양 **서남서** 지역인 **경기갑**에서 **신사술**로 대접하라!"

팩트 체크

☑ 숙종의 3대 환국

결과	명칭	원인과 결과
서인 집권	경신환국	남인인 허적이 군사용 천막을 무단으로 사용 → 허적과 윤휴 처형
남인 집권	기사환국	희빈 장씨 아들(경종)의 원자 명호 문제 → 세자 책봉에 반대한 송시열 등 서인 축출
서인 집권	갑술환국	서인의 인현왕후 복귀 운동 → 남인 몰락하고 인현왕후 복위

환국정책 : 정권을 잡은 붕당이 급격하게 바뀌는(換) 정치적 국면(局)을 이른다. 숙종은 재위 중 일방적으로 지배세력을 교체하곤 했는데, 총 3번의 환국을 거치면서 붕당정치의 본래 의미가 퇴색한다.

그분이 알고 싶다2

그런데 말입니다 …
다산이라는 호답게
자녀도 9명이나 되었다는 사실!
뭘 드셨길래 ….

그분이 알고싶다

다산 정약용

연관 키워드

#정약용 저서 #수원화성 #다산 여유당 #중농학파 #실학
#천주교 정약전

\# 전라남도 강진, **다산초당** 앞에 서 있는 사회자

사회자 : 전라남도 강진, 저는 이곳에 오면 그분이 생각납니다. 강진 땅에서 18년의 유배생활 동안 『목민심서』*, 『흠흠신서』*, 『경세유표』* 등 500여 편의 책을 저술하신 **조선 후기 실학자 정약용** 선생입니다. 유형원, 이익 등과 함께 **중농학파**였던 선생께서는 농사짓는 백성의 어려움을 안타깝게 여겨 **여전론**을 비롯 더 현실적인 방안인 **정전제**까지 주장했습니다. 아울러 1789년 한강에 배다리(舟橋/주교)를 준공하고, 1793년에는 수원화성을 설계하는 등 혁신적이며 창의적인 업적을 남기셨지요.

\#S.E(음향효과, '그분이 알고 싶다' 시그널 뮤직)

사회자 : 그런데 말입니다. 정조의 역작인 수원화성을 축조할 때 쓰였던 **거중기**도 선생께서 만들었다는 사실을 여러분은 알고 계신지요?

성　우 : 혹시, 이 분은 자녀가 많지 않으셨나요? 그래서 다산이 아닌지….

사회자 : 하하, **다산**은 제가 서 있는 이곳 다산초당에서 따온 정약용 선생의 '호'이고요, **여유당**이라는 다른 '호'도 있습니다. 그럼 저는 다음 시간에 뵙겠습니다.

팩트 체크

☑ 여전론 : 정약용이 제안한 토지개혁론. "토지의 사유를 인정하지 않고 공동으로 소유하고 경작하여 수확량을 분배하자"는 내용이다. 한 마을(閭)을 단위로 토지(田)를 공동으로 소유하고 경작하며, 그 수확량을 노동량에 따라 분배하는 공동 농장 제도이다.

☑ 정전론 : 정약용이 『경세유표』에서 제기한 토지제도 개혁안의 하나다. 본래 고대 중국의 하나라·은나라·주나라에서 실시했던 토지제도로 주나라에서는 사방 1리(里)의 농지를 '井' 자 모양으로 100무(畝)씩 9등분한 다음, 중앙의 한 구역을 공전(公田)이라고 하고, 둘레의 여덟 구역을 사전(私田)이라고 하여 여덟 농가에게 맡기고 여덟 집에서 공동으로 공전을 부치어 그 수확을 나라에 바치게 했다.

목민심서 : 지방관의 윤리적 각성과 농민 경제의 발전을 다룬 책으로 다산이 강진에 귀양 가 있는 동안 저술했다. 지방의 관리로서 수령이 백성들을 위해 해야 할 일을 조선과 중국의 역사서를 비롯한 여러 책에서 뽑은 내용으로 구성되었다. 부임에서 시작하여 청렴하고 검소한 생활을 하는 법, 자기 자신을 바르게 다스리는 법, 공적인 일을 수행하는 법, 백성을 사랑하는 법, 아전을 단속하는 법, 세금, 예절, 군사, 재판, 그리고 흉년에 백성을 구제하는 법, 그리고 일을 다 마친 후 자리에서 퇴임하는 일까지 기술했다.

흠흠신서 : 다산 정약용이 1822년(순조 22년)에 저술한 책으로 조선시대의 형법을 다루었다.

경세유표 : 다산 정약용이 관제 개혁과 부국강병을 논한 책. 관제(官制)에 관한 고금(古今)의 실례 및 정치의 폐단을 지적하고 개혁에 대한 견해를 적었다.

사도세자, 혜경궁 홍씨, 그리고 역린

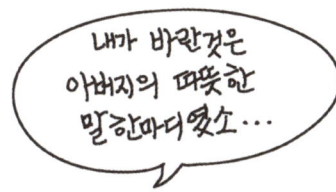

연관 키워드

#역린 #사도세자 뒤주 #영조 정순대비 #혜경궁 홍씨 한중록
#정조 서얼 #유득공 발해고*

"나는 누구일까요? 나의 할아버지는 **영조**, 아버지는 **세도세자**, 어머니는 **혜경궁 홍씨**입니다." 예, 답은 그들의 손자이자 아들인 **정조**입니다. 유아인 주연의 영화 〈사도〉, 현빈 주연의 〈역린〉, 드라마 〈한중록〉 등 수많은 영화와 드라마에서 주인공으로 나왔지요. 대한민국 국민이라면 한번쯤 위 네 사람의 이름을 들어본 적이 있을 텐데요. 모두 18세기 조선을 대표하는 역사적 인물들이에요. 조선 왕조의 마지막 황금기를 누렸던 영·정조 시대는 너무나 비극적인 가족사를 토대로 이루어졌기에 한편으로는 애잔한 마음이 듭니다. 세종대왕과 함께 조선의 2대 성군으로 불리는 정조의 수많은 업적을 다음과 같이 한 문장으로 표현해볼게요! "정조시대, 1796년 비 오는 어느 날, **장화** 신고 **규장각** 앞에 모여 **신문**을 보고 있는 **초계문신***들!"

팩트 체크

☑ **장용영** : 왕권강화를 위해 국왕의 친위부대인 장용영 설치

☑ **화성** : 수원에 화성을 설치하고 정치적, 군사적 기능 부여함. 아버지 사도 세자의 무덤을 수원 화성 근처로 이장(현륭원)

☑ **규장각** : 규장각을 강력한 정치기구로 육성, 규장각 검서관으로 능력 있는 서얼들 등용(박제가, 유득공, 이덕무 등)

☑ **신해통공** : 육의전*을 제외한 시전의 금난전권*을 폐지하는 내용으로 자유로운 상업 활동을 보장하고 시전상인들의 특권을 축소했다.

☑ **문물정비** : 중국 백과사전 『고금도서집성』 수입, 『대전통편』,* 편찬, 『무예 도보통지』*(이덕무, 박제가 등) 편찬, 『일성록』* 편찬 시작

☑ **초계문신제 실시** : 규장각에서 유능한 인사를 재교육한 제도(신진인물, 중하급 관리 등)

발해고 : 발해(渤海)의 역사를 고찰한(考) 책으로 정조 8년(1784) 유득공이 기록했다.

초계문신 : 능력 있는 젊은 관리(文臣)들을 뽑아(抄) 가르치던(啓) 제도로 조선 후기 규장각에서 특별교육과 연구과정을 밟던 문신들을 이른다.

육의전 : 조선시대 서울 종로에 자리 잡고 있던 여섯 가지 종류의 어용상점(御用商店)으로 명주, 종이, 어물, 모시, 비단, 무명을 팔았다.

금난전권 : 육의전을 비롯한 한성 내의 37개 시전들이 도성 안팎 10리(약 4km) 이내에서 난전을 금지시킬 수 있는 권리를 말한다. 난전이란 등록되지 않은 자 또는 자기 소관 이외의 상품을 한양 도내(都內)에서 판매하는 행위를 말한다.

대전통편 : 조선시대 김치인이 왕명에 따라 편찬한 책. 『경국대전』, 『대전속록』, 『대전후속록』, 『수교집록』, 『속대전』을 한데 모은 것이다. 6권 5책.

무예도보통지 : 조선 정조 때, 왕명에 따라 무예 이십사반을 그림으로 풀어 설명한 책이다.

일성록 : 조선 영조 36년(1760) 1월부터 융희 4년(1910) 8월에 걸쳐 조정과 내외의 신하에 관해 기록한 일기. 임금의 일기 형식을 갖추고 있으나 실질적으로는 정부의 공식적인 기록이다. 정조의 세손 시절에 시작되어 즉위 후 규장각 존속 기간에는 각신(규장각의 벼슬아치)에게 편찬하도록 했다.

정조임금, 덕대, 그리고 보부상

보상 + 부상 = 보부상

연관 키워드

#덕대 #숙종 상평통보 #보상 부상 #구황작물 #신해통공

농   민 : 여보게들, **이왕** 농사지을 거 **광작**하여 **담배, 삼, 모시** 등으로 소득 한번 크게 올려 보세!

관   청 : 어이, 농민들! 수익도 늘고 지위도 상승했으니 **지대로 납부하지 말고** 이젠 나라를 **도와조**! **광산을 경영**하려면 힘도 드니 덩치 좋은 떡대를 고용해야겠어. 그래, 이제부터 너희들을 광산전문가, **덕대**라 부르마.

상인들 : 비좁은 한양을 벗어나 **전국 8도**로 가 보자꾸나. 보부도 당당하게 봇짐을 메고 지방에서 장사하는 우리는 **보부상**! 내일은 **포구**로 가서 **선상***, **객주***, **여각***과 더불어 맘껏 놀아보세. 계산은 카드 말고 현금, **상평통보(常平通寶)**로 하자고!

팩트 체크

☑ **이앙법** : 모내기법(이앙법)의 확대로 벼와 보리의 이모작 성행. 이앙법의 영향으로 농민층이 분화되었고(부농층과 임노동자), 상품화폐경제가 발달했다.

☑ **도조법** : 농민의 지위 상승, 지대납부 방식이 도조법(정액 지대*으로 변화, 소작료(租)의 양을 예측하여 도박하듯 미리 거는(賭) 법. 수확량의 1/3 정도를 지주에게 바치므로 소작인에게 유리했다.

선상 : 배(船)에 물건을 싣고 다니며 장사하는 상인(商)
객주 : 객지(客)에서 장사하는 여러 상인들의 주인(主)이란 뜻으로 상인들의 물건을 위탁받아 팔아주거나 매매를 중개하던 중간 상인이다.
여각 : 나그네(旅)가 묵는 집(閣)이란 뜻으로 지방에서 올라온 상인들을 위해 도매, 위탁판매, 보관, 운송 등을 맡아주며 여관업도 겸하던 상업시설이다.

세도정치, 홍경래는 알겠는데 임진철은 누구죠?

조선왕조 500년 역사 중 **민초들이 가장 힘든 삶을 살았던 시기**는 아마도 19세기와 함께 시작된 **세도정치 63년**이 아닐까 싶습니다. 그 어렵고 고달팠던 시기를 견뎌낸 민초들의 애환과 이를 벗어나고자 분연히 일어났던 두 개의 대표적인 민란에 대해 알아볼게요. 두 민란은 50여 년의 차이를 두고 발생하는데 시기도 발생한 지역도 다르므로 일어난 순서대로 이렇게 외워볼까요?

"세도정치에 맞선 **홍경래**와 **임진철**! 홍경래의 난과 **임술농민봉기**!"

(*임진철; **임술농민봉기**는 **진주**에서 **철종** 때 발발)

팩트 체크

☑ 세도정치 : 정조 사후 1800년부터 시작되어 순조에서 헌종, 철종 3대에 이르는 63년간을 말함(1800년~1863년). 비변사와 5군영을 장악하여 권력을 독점했고, 소수 특정가문(안동 김씨와 풍양 조씨)이 권세를 누렸다. 1863년 고종 즉위 후 흥선대원군이 비변사와 서원 철폐를 단행하였고, 안동 김씨의 세력이 약화되면서 마침내 세도정치기를 마감하게 된다.

☑ 삼정 : 전정, 군정, 환정(또는 환곡)의 3가지를 말한다. 전정(田政)은 나라에서 토지에 부과하는 세금, 군정(軍政)은 성인 남자가 군대에 가지 않을 때 내는 세금, 환정(還政)은 관청에서 봄에 곡식을 빌려주었다가 가을에 이자와 함께 돌려받는 제도이다. 세도정치기에 이들 삼정의 문란이 더욱 심각했으며 그중에서 갓난아기와 죽은 사람에게까지 세금을 부과했던 군정의 폐해가 가장 심했다.

☑ 사회현상 : 성리학의 대안을 찾고자 하는 움직임이 거세지고 신분제가 동요했는데 이런 과정을 통해 백성들의 사회의식이 성장했다. 학문

분야에서는 실천을 중시하는 양명학과 실사구시를 표방하는 실학이 대두
되었고, 어수선한 민심을 이용한 예언사상들이 득세하기 시작한다. 서학
이라 불리는 천주교와 인내천 사상을 기반으로 한 동학이 펴졌으며, 평등
의식이 여물면서 민란이 발생하기에 이른다.

☑ **홍경래의 난** : 1811년 순조 때 서북지역민(평안도)에 대한 차별과 세도
정치에 대한 불만, 그리고 삼정의 문란이 배경이 되어 평안도에서 발생한
민란. 몰락 양반인 홍경래의 주도로 농민, 상인, 광산노동자 등이 참여하여
청천강 이북을 거의 장악하였으나 결국 관군에게 진압되었다.

☑ **임술농민봉기** : 1862년 임술년 철종 때 삼정의 문란에 항거하여 진주에서
발생한 봉기로 몰락 양반인 유계춘의 주도로 진주 농민 수만 명이 참여하
여 전국으로 확산되었다. 정부는 삼정의 문란을 시정하고자 삼정이정청을
설치했으나 곧 폐지된다. 정권에 저항했던 운동으로서 후에 동학농민운동
으로 연결된다.

황구첨정 : 조선 후기에 군정(軍政)이 문란해져서 어린아이를 군적(軍籍)에 올려(僉) 군포를 징
수하던 일. 황구(黃口)란 "부리가 누런 새끼 새"란 의미로 어린아이를 이른다.
백골징포 : 조선 후기에 죽은 사람(白骨)의 이름을 군적과 세금 대장에 올려놓고 군포(軍布)를
받던(徵布) 일

지폐에 얼굴을 남기려면
조선시대에 태어났어야!

오원에 있는 거북선도
조선씨대 출신이라는 사실 ㅋ

천 원이 퇴계 이황인가 율곡 이이인가? 매일 쓰면서도 헷갈리는 지폐속의 위인들을 쉽게 구별해보는 시간입니다. 먼저, **오** 자로 시작되는 지폐는 모자지간이 접수했어요. 이른바 **율곡 이이**(오천 원)와 **신사임당**(오만 원)입니다. 이이는 오죽헌에서 태어났으니 오천 원, 신사임당은 엄마니까 오만 원! **천 원**은 **이황** 선생님, **만 원**은 이도(본명) **세종대왕**님! 옛날 오백 원 지폐엔 이순신 장군이 있었는데, 지금은 왜 백 원짜리 동전으로 자리를 옮겼을까요? 그리고 오백 원 동전의 주인공은 누구죠? 궁금하면 오백 원!(^^) 오백 원은 동전으로 발행되면서 이순신 장군님 대신 '학'으로 바뀌었습니다. 아마 학익진 전술을 사용하셔서 그런 게 아닐까요? 아, 지폐에 얼굴을 남기려면 조선시대에 태어났어야 했는데 말입니다!

팩트 체크

- ☑ 퇴계 이황 : 『주자서절요』,* 『성학십도』, 이상주의 ⇨ 남인
- ☑ 율곡 이이 : 『동호문답』, 『성학집요』, 현실 개혁적 ⇨ 서인 ⇨ 인조반정(북인 타파) ⇨ 예송논쟁(남인) ⇨ 노/소론으로 분할 이황(남인)과 이이(서인) 간의 예송논쟁 조짐 : 이황은 "군주는 스스로 성인이 될 수 있다"고 주장(왕≠사대부) 했고, 이이는 "군주는 신하의 도움을 받아 성인이 될 수 있다"고 주장했다 (왕=사대부).

주자서절요 : 이황이 초학자들의 편의를 돕기 위하여 『주자대전』에 실린 주자의 편지를 뽑아 엮은 서간집이다.

전하, 이러구있(1592)으면 임진왜란 일어난대요!

1392

1492

1992

1592

2092

핼로우, 지구인 ^^

연관 키워드

#삼전도 굴욕 #북학운동 #최명길 김상헌 #척화론

무한도전 역사특강에 나와서 머릿속에 콕 박힌 임진왜란이 일어났던 해, 1592년! 이번 시간엔 "○○92년"에 일어났던 주요 역사들을 되새겨볼게요.

1392년 : 태조 이성계 조선왕조 건국

1492년 : 콜럼버스 아메리카 신대륙 발견

1592년 : 조선건국 200년 뒤 임진왜란 발발(선조)

1992년 : 김영삼 대통령 당선, 문민정부 탄생

2092년: 그때까지 살고 싶어요(^^).

팩트 체크

☑ 조선 전기 여진과의 관계(15C) : 교린정책(강경책+온건책)

☑ 후금 건국(1616) : 광해군의 중립외교 정책 ⇨ 인조반정 정묘호란(1627), 병자호란(1636) ⇨ 삼전도의 굴욕 ⇨ 북벌론 ⇨ 북학운동 ⇨ 개화파 조선 후기 일본과의 관계

☑ 16세기 : 삼포왜란, 을묘왜변, 임진왜란

☑ 17세기 : 유정 포로송환, 기유약조(1608), 통신사 파견(선진문물 전파, 막부정권 인정)

불 타오르네~ 파이어!

(feat. 흥선대원군과 경복궁소년단)

연관 키워드

#경복궁 중건 #당백전 원납전 #선조 이승만 #방탄소년단

(#1, 1492년, 한양 경복궁, 선조임금)

신하들 : 전하, 왜구들이 곧 한양으로 쳐들어올 것 같습니다!

선　　조 : 그럼, 오늘 밤 **경복궁을 불태우고 의주**(지금의 신의주)로 튄다.

　　　　　 고고~ 경복궁 파이어!

백성들 : 천하에 몹쓸 놈들 같으니라고!

(#2, 1863년, 불타 없어진 경복궁 터, 흥선대원군)

흥선대원군 : 내 오늘, 우리 아들 고종의 즉위를 기념하여 **안동 김씨 세**

　　　　　　 도정치를 **철폐**하고, **왕권강화**를 위해 370여 년 전 불타

　　　　　　 없어진 **경복궁 중건**을 선포하노라.

백성들 : 만세~ 흥선대원군 만만세!

흥선대원군 : 좋아할 것 없다. 돈은 양반이 대고 힘든 일은 너희 백성

　　　　　　 들이 해야지!

양반 & 백성들 : 피도 눈물도 없는 놈들!

팩트 체크

☑ **흥선대원군의 경복궁 중건**
　－과정 : 원납전＊ 강제 징수, 당백전 남발, 백성의 노역 징발, 양반의 묘지림 벌목
　－결과 : 유통경제 혼란(물가폭등), 양반과 백성의 불만 폭등

원납전 : 구한말 대원군이 경복궁 중수를 위하여 백성들로부터 강제로 거두어들였던 기부금이다.

트와이스 여행사와 떠나는 조선시대 투어

1일차_조선 전기 스페셜 게스트 삼봉 정도전을 만나자

가이드 : 와, 이번 여행엔 정말 많은 분들이 참가해주셨네요! 여러분의 성원 속에 저희 트와이스 여행사도 나날이 발전하고 있습니다. 이 자리를 빌어 깊은 감사의 마음을 전합니다.(꾸벅) "역사를 사랑하는 당신, 역사의 현장으로 떠나라!"라는 모토로 시작된 트와이스 한국사 여행을 통해 '역알못'이었던 여러분들이 '역사모'로 바뀌어가는 모습을 보며 가이드로서 자부심과 책임감을 느낍니다. 그래서!! 성원에 보답하고자 어렵게 준비했습니다. F4와 함께 떠나는 조선시대 투어! 조선의 초기, 중기, 후기를 대표하는 네 분을 일일 게스트로 모시고 알찬 여행을 시작해볼까 합니다. F4라고 하니까 여기저기서 환호성을 지르는 여성분들이 보이는데요. 아쉽게도 〈꽃보다 남자〉의 그 F4가 아니고요, 가장 파이팅 넘치는 분들만 모은 F4입니다.

여성 참가자들 : 에이, 실망이에요. F4는 누가 뭐래도 구준표가 짱인데!

가이드 : 오오, 절대 아닙니다. 일단 만나보시면 생각이 확 달라질 거예요. 잠시 후 우리가 탄 버스는 충북 단양에 도착할 텐데요. 어떤 분을 만나게 될까요?

학생들 : (웅성웅성) 단양, 단양8경은 아는데….

가이드 : 자, 천천히 내리시고요. 저쪽에 준비된 접견장으로 이동하시면 됩니다. 드디어, 오늘 모실 첫 번째 게스트를 (두구두구두두구두~) 소개합니다. 도전의 아이콘, 삼봉 정도전 선생님, 나와 주세요! 큰 박수 부~탁해요!

학생들 : 우와, 생각보다 실물이! 꽃 중년이셔요!

삼 봉 : 얼굴로 평가 받기보다 조선왕조 개국의 핵심 주역으로 기억되고 싶은 인간, 삼봉 정도전입니다.

학생들 : 정말 궁금한 게 있는데요, 태조 이성계 장군과는 언제 처음 만나셨어요? 그리고 고향은 어디세요?

삼 봉 : 제 고향은 충북 단양 삼봉입니다. 그래서 호가 삼봉이죠. 여러분이 찾아주신 바로 이곳이에요. 음, 이성계 장군을 만난 것은 제 나이 만 41세 되던 1383년입니다. 함경도 함주 막사로 이성계 장군님을 직접 찾아가 고려 말 사회의 모순을 해결하고 새로운 왕조를 개창하자고 강력하게 설득했지요.

학생들 : 선생님만의 정치철학은 뭐예요? 존경하는 인물은요?

삼 봉 : 나라를 다스리는 것은 왕의 몫이 아니라 유능한 재상의 몫이라고 생각합니다. 그래서 조선 곳곳에 유교의 이상을 심고자 노력했고, 한양의 4대문과 보신각에 '인의예지신'을 넣어 직접 작명했습니다. 존경하는 인물은 '맹자'고요.

학생들 : 넘 어렵다(ㅠㅠ). 여행이 아니라 세미나 같아요.

불교신자학생 : 선생님은 고려 말 급진파 신진사대부의 대표주자로서 한양천도, 제도 정비는 물론 농민생활 안정을 위해 과전법을 실시하는 등 백성을 위해 좋은 일을 많이 하셨어요. 또한 『조선경국전』, 『경제문감』 같은 뛰어난 책을 쓰셨고, 누구보다 유교를 사랑하셨고요. 그런데 왜 『불씨잡변』을 써서 불교를 배척하셨나요?

삼 봉 : 그 부분은 나중에 따로 알려 드리겠습니다. 다음 유생?

학생들 : 목은 이색을 스승으로 모시고 함께 동문수학한 친구인 포은 정몽주와 태종 이방원에게 특별히 하고 싶은 말씀이 있나요?

삼 봉 : 가이드 선생, 갑자기 머리가 아파서 그러는데 오늘은 여기까지만 하면 안 될까요? 시차 적응도 힘들고, 음식도 낯설고, 좀 힘들군요.

가이드 : 예, 그렇게 하시는 게 좋을 것 같습니다. 학생 여러분, 삼봉 선생님에 대해 더 알고 싶은 분들은 『광활한 인간, 정도전』이란 책을 보시면 도움이 될 것 같아요. 지금부터 자유시간입니다.

죽이고,

이런들
어떠하리..

미안해..

이방원

죽이고,

정도전

정몽주

친하다, 싸우고

금양잡록 : 조선 성종 때에 강희맹이 지은 농서(農書). 경험과 견문을 토대로 하여 농경 방법과 농작물에 대한 주의 사항을 기록한 책이다.

병작반수 : 지주가 소작농에게 자기 토지를 함께(竝) 짓게 하고(作) 수확량의 반(半)을 거두어(收) 가는 제도로 지주전호제 혹은 타조법이라고도 한다. 국가가 관리에게 토지를 지급하면 이를 관리가 직접 돌보지 않고 농민에게 빌려주는데, 따라서 관리는 지주가 되고 농민은 소작인이 된다.

상평창 : 곡식(穀)을 저장했다가 백성들에게 봄에 꾸어 주고 가을에 이자를 붙여 거두(還)는 것을 말한다.

동서대비원 : 동쪽(東)과 서쪽(西)에 하나씩 있는 큰 은혜를 베푸는(大悲) 기관(院)이라는 뜻이다. 가난한 백성의 질병을 고치기 위하여 설치한 의료 기관이다.

혜민국 : 백성(民)에게 의료 혜택(惠)을 베푸는 관청(局)이란 뜻. 백성의 질병을 고치는 일을 맡아보던 관아

제생원 : 생명(生)을 구제(濟)하는 관청이란 뜻으로 조선 초기 서민들의 질병 치료를 광장했던 기관이다.

호패 : 조선시대에 신분을 나타내기 위하여 16세 이상의 남자에게 호패(號牌)를 가지고 다니게 하던 제도

면리제 : 군현을 면(面)과 이(里)로 세분하는 조선시대 지방행정제도

오가작통법 : 조선시대에 범죄자의 색출과 세금 징수 및 부역의 동원 따위를 위하여 다섯 가구(五家)를 한 통씩 묶던(作統) 호적 제도

알쓸역팁

- 정도전(鄭道傳, 1342~1398)은 고려 말 조선 초 격동의 시기에 역사의 중심에 섰던 인물이다. 이성계를 주군으로 선택하여 재상 중심으로 정치가 이루어지는 새 왕조를 설계했다. 그러나 자신이 꿈꾸던 성리학적 이상 세계의 실현을 보지 못하고 끝내 정적에게 단죄되었다. 그 후 조선 왕조의 끝자락에 가서야 겨우 신원되었다. 백성의 삶을 중시하는 민본사상을 기반으로 여러 정책을 강구했으며, 요동정벌을 주장했다. 역사는 정도전과 이방원의 대립을 흔히 이상과 현실의 갈등으로 그린다.

조선 전기의 경제활동

- 농업 : 논농사에서는 직파법을 사용했고, 시비법이 발달했으며, 휴경지가 소멸되었다. 농사 관련 책으로 『농사직설』, 『금양잡록』* 등이 있다. 밭농사에서는 2년3작의 윤작법과 목화재배가 일반화되었다. 고려시대부터 행해진 병작반수(竝作半收)* 계통의 지대(地代)로서 타조법을 적용했다. 이는 지주가 농지를 대여하고 그 대가로 추수기에 수확량의 절반을 징수하던 소작제도다.
- 상업 : 도시에는 시전이 열렸고(금난전권, 육의전), 상업활동을 감시하는 기관인 경시서가 개설되었다. 지방에는 15세기 후반부터 장시가 섰으며, 보부상의 활동이 두드러졌다.
- 수공업 : 관 주도 수공업

조선 전기의 사회정책

- 구휼제도 : 환곡(의창, 상평창)*, 사창제(대원군 때 본격적으로 시행), 유망민을 구제하는 동서활인서도 있었다.
- 의료제도 : 수도권에는 동서대비원*과 혜민국*을, 지방에는 제생원*을 두었다.
- 통제장치 : 호패법*, 면리제*, 오가작통법*

조선 전기의 대외 관계

- 명나라(사대외교) : 자주적인 실리 외교 추구, 공무역(조공), 요동정벌(정도전)
- 여진(교린관계) : 강경책(4군6진 개척, 사민정책, 토관제도), 온건책(무역소 설치)
- 일본(교린 관계) : 강경책(세종 쓰시마 섬 정벌), 온건책(염포, 부산포, 제포 3포 개항), 삼포왜변(비변사 설치), 을묘왜변(비변사를 상설기구로), 임진왜란(비변사로 권력 집중)
- 임진왜란 : 이순신의 활약으로 일본의 해로 보급을 차단했다. 유명한 해전을 치른 순서는 옥포해전 ⇨ 한산대첩(학익진) ⇨ 명량해전 ⇨ 노량해전(전사)이다.
- 호란 : 광해군의 중립외교(강홍립 투항), 정묘호란(인조의 친명배금정책 → 정묘호란) ⇨ 북벌론 대두

2일차_조선 중기 스페셜 게스트 폭군 연산군

가이드 : 정말 화창한 날씨입니다. 조금 전 삼봉 선생님이 전화를 주셨어요. 여러분의 높은 학구열에 감탄했다는 말씀을 꼭 전해달라고 하셨습니다. 그리고 남은 여행기간 동안 애정 어린 시선으로 조선왕조를 살펴 주십사 당부하셨어요. 자, 이번 시간엔 진짜 파이팅 넘치는 게스트를 모실 거예요. 그 전에 주의사항을 하나 말씀드릴게요. 오늘의 게스트에게는 생모, 폐비 윤씨, 무오사화, 갑자사화, 사림파, 김종직, 조의제문, 폭군, 흥청, 장녹수라는 단어를 사용하면 안 됩니다. 이런 걸 물어보거나 행여 실수로라도 입 밖에 내면 안 된다는 뜻이에요. 명심하셨지요?

학생들 : 후덜덜…, 이번 여행 장난 아니다(ㅠㅠ).

가이드 : 그럼, 조심스럽게 모셔보겠습니다. 연산군님 나와 주세요.

연산군 : 사랑하는 어머님의 묘가 있는 '서삼릉 회묘'에 다녀오느라 짐이 조금 늦었다. 불만 있는 사람, 아니 사람 있나?

학생들 : (일동 고개 숙이며) 아무도 없습니다.

연산군 : 나는 성종임금의 맏아들로 조선의 10대 왕인 이융이다. 후손들이 나를 폭군, 연산군이라고 부른다던데 나이도 있고 하니 '군'이라는 호칭은 이제 그만 불러줬으면 좋겠다. 연산대왕 어때? 어라, 왜 대답이 없지?

학생들 : (쥐 죽은 듯이 숨소리도 못 낸다.)

연산군 : 이럴 거면 왜 날 초대한 거야? 장녹수랑 만 명의 흥청 기생들과 함께 성균관에 가서 놀기로 한 약속도 취소하고 기쁜 맘으로 달려왔는데! 이봐 백성들! 아직 어린 것 같아서 내가 특별히 조언하는 건데, 인생 '흥청망청' 살지 마. 생각보다 길지 않아. 에이, 뭐 수준이 맞아야 이야길 하지. 경회루 연못으로 놀러나 가야겠다. 이상!

가이드 : 어어, 이러시면 아니 되옵니다.

연산군 : 알아서들 해!

알쓸역팁

- 회묘(懷墓) : 조선의 9대왕 성종의 계비이자 연산군의 어머니인 폐비 윤씨의 무덤이다. 한때 폐비 윤씨가 제헌왕후로 복위되면서 무덤의 이름도 회릉으로 바뀌었던 적이 있다.
- 연산군 : 조선 제10대의 왕(재위 1494~1506)이다. 수많은 신진사대부를 죽음에 이르게 한 무오사화를 일으킨 장본인이다. 생모 윤씨의 폐비에 찬성했던 윤필상 등 수십 명을 살해했고, 경연을 없앴으며, 사간원을 폐지했다. 결국 중종반정에 의해 폐왕이 되었다.

연산군의 가계도

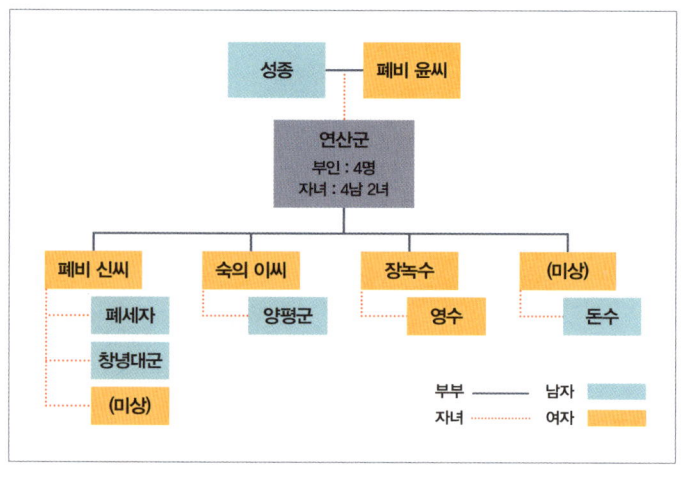

3일차_조선 중기 스페셜 게스트 신사임당

가이드 : 여러분, 어제 많이 놀라셨죠? 그래도 여러분이 경기도 고양시에 있는 '서삼릉 폐비 윤씨 회묘'에 다녀왔다는 이야기를 듣고 연산군님이 흡족한 미소를 지으셨답니다. 오늘은 우리의 어머님 같은 인자하신 분을 게스트로 모셨습니다.

학생들 : (일동 환호성을 지르며) 와~, 신사임당님이다!

신사임당 멀리 강릉 오죽헌까지 찾아주신 학생 여러분, 고마워요.

가이드 : 가까이서 뵈니 정말 인자하시고 기품이 느껴집니다. 선생님.

신사임당 칭찬 기쁘게 받을게요. 이곳 오죽헌이 왜 유명한가요?

학생들 : 율곡 이이 선생님이 오죽헌 몽룡실에서 태어났잖아요.

신사임당 다들 똑똑하네요. 오죽헌에는 제 아들 율곡의 대표 저서인 『격몽요결』과 저의 그림 등 수많은 작품이 있으니 천천히 둘러보세요.

가이드 : 제가 잠시 부연설명을 드리자면, 신사임당 선생님은 율곡 이이, 화가 이매창 등 4남 3녀의 어머니이자 조선 중기를 대표하는 문인, 유학자, 화가, 작가, 시인이십니다. 이곳 강릉 출신으로 본명은 인선(仁善)이며 사임당은 당호(堂號)예요. 특히, 풀벌레와 과일을 그린 〈초충도(草蟲圖)〉의 대가시죠. 참고로 조선 전기(15세기)를 대표하는 화가로 안견〈몽유도원도〉, 강희안〈고사관수도〉이 유명하고요. 분청사기와 백자도 조선 전기를 대표하는 예술이니 꼭 기억해두세요.

학생들 : 선생님. 우리나라 최고 고액지폐인 5만 원의 모델이 된 소감을 말씀해주세요.

신사임당 율곡이 5천 원 모델이 되었을 때 엄청 부러워했어요. 이제야 엄마의 대단함을 보여준 것 같아 무척 뿌듯합니다(^^). 제가 기념으로 여러분을 모두 초당순두부 마을로 초대하겠습니다. 건강한 밥상을 즐기러 갑시다.

학생들 : 야호! 신사임당, 신사임당! 율곡 어머니!

- 안견 : 생몰년 미상의 조선 초기 화가. 일본의 덴리대학 중앙도서관에 소장된 〈몽유도원도〉*, 국립중앙박물관에 소장된 〈사시팔경도〉 등을 통해 화풍을 짐작할 수 있다. 산수화에 가장 특출했으며, 초상·화훼·매죽·노안·누각·말[馬]·의장도 등 다양한 소재를 그렸다.
- 강희안 : 조선 초기의 문신으로 『용비어천가』를 주석했고,『동국정운』 편찬에 참여했다. 시·그림·글씨에 뛰어나 안견·최경과 함께 3절이라 불렸다. 대표작으로 국립중앙박물관에 보관된 수묵화 〈고사관수도〉*가 있다.

몽유도원도 : 비단 바탕의 수묵 담채화로 안평대군이 꿈(夢)에 도원(桃園)경을 거닌(遊) 이야기를 안견에게 그리게 한 그림(圖)이다.

고사관수도 : 고매한 선비(高士)가 가파른 절벽을 배경으로 바위에 엎드려 수면(水)을 바라보는(觀) 모습을 묘사한 그림(圖)이다.

적극적이고 당당한
여성상을 제시한 사임당

축하해.
면목없네...

무능했던
← 이원수 氏

이원수···아니,
남편 이원수 氏 덕이죠ㅆ;
(속터져 , 왜 따라온거야··)

4일차_조선 후기 스페셜 게스트 녹두장군 전봉준

가이드 : 조선시대 투어의 마지막 날인 4일차 아침이 밝았습니다. 전라도 고부 땅에서 맞이하는 오늘, 숙연한 마음이 먼저 드는데요. 마지막 스페셜 게스트 녹두장군 전봉준 님을 모시겠습니다.

학생들 : (모두 자리에서 일어나 큰 박수로 맞이한다.)

녹두장군 : 이 땅을 내 몸보다 아끼고 사랑하는 조선의 수많은 농민 중 한 사람인 전봉준입니다.

가이드 : 선생님은 말보다 행동으로 실천하는 분이니, 제가 대신해서 동학혁명에 대해 말씀드리겠습니다. 1894년 1월에 시작된 동학농민운동은 이곳 고부군수인 조병갑의 비리와 학정 때문에 발발했는데요. 여기 계신 전봉준 장군님을 중심으로 농민들이 관아를 습격해 횡포를 일삼던 아전들을 처벌하고 창고의 곡식을 풀어 가난한 백성들에게 나누어주었습니다. 보국안민(輔國安民; 나라를 돕고 백성을 편안하게 한다), 제폭구민(除暴救民; 폭정을 없애고 백성을 구원한다)를 기치로 걸고 분연히 일어난 동학혁명은 집강소를 설치하여 '폐정개혁안 12개조'를 실천해갔습니다. 그러나 일본이 경복궁을 점령하며 조선의 내정을 간섭하고 청일전쟁(1894년)을 일으키자 해산했던 농민들이 다시 봉기하여 일본군에 맞서 싸우게 됩니다. 이후의 일에 대해서는 역사수업을 통해 자세히 배우도록 할게요. 혹시, 장군님께 질문하고 싶은 친구 있나요?

학생들 : 사발통문은 장군님의 아이디어인가요?

녹두장군 : 옳은 일을 하고자 결의를 모은 사람들에게는 누가 더 지체 높고 부유하고 능력이 대단한지는 별로 중요하지 않습니다. 대의 앞에서는 모두가 평등한 존재입니다. 여러분도 이 진리를 가슴에 묻고 살아가길 바랍니다.

학생들 : (모두 박수로 화답한다.)

가이드 : 장군님의 짧지만 큰 울림을 주는 당부, 가슴에 깊이새겨두길 바랍니다. (점심식사 후 강당에 다시 모인 학생들)

가이드 : 어느덧 4일간의 조선시대 투어가 끝나갈 시간이 되었네요. 선사시대부터 시작된 다섯 번의 역사 투어에 끝까지 동참해주신 여러분께 깊은 감사의 말씀 드립니다. 아쉽지만 저희 트와이스 한국사 투어는 이번 여행을 마지막으로 시즌1을 마칠까 합니다.

학생들 : 안 돼요! 넘 아쉬워요!

가이드 : 여러분의 고마운 마음, 하나하나 소중히 모으고 모아서 더 좋은 투어를 기획하여 다시 찾아뵙겠습니다. 시즌2에도 다시 와주실 거죠?

학생들 : 예~, 물론이죠.

가이드 : 참, 전봉준 장군님과 동학혁명에 참여하셨던 농민 분들이 제대로 대접도 못했다고 미안해하시면서 맛있는 녹두전을 만들어주셨어요. 집으로 가는 버스 안에서 맛있게 드세요. 다시 만날 때까지 모두 안녕!

알쓸역팁

조선 후기 정치 구조의 변화

- 전기에는 의정부 6조체제, 후기에는 비변사
- 비변사의 위상 변화 : 임시기구(삼포왜란) ⇨ 상설기구화(을묘왜란) ⇨ 최고 권력기관(임진왜란)
- 붕당의 핵심 기구 : 비변사(임시적으로 활용한 군사회의기구였으나 후에 상설회의기구로 변질), 삼사(공론을 반영하는 기관에서 자당의 의견을 주장하는 쪽으로 변질), 전랑(인사권을 행사하던 성격에서 삼사의 관리를 선발하는 성격으로 변질)

조선 후기 군사제도의 변화

- 중앙군 : 전기 5위체제(한양 중심으로 중앙, 동서남북 5부대)에서 후기 5군영(수도권까지 범위 확대)으로 변화. 5군영의 핵심으로 훈련도감 창설(포수, 사수, 살수 등 급료를 받는 삼수병으로 구성. 군역의 요역화 현상으로 농민에게 돈을 거둬 그 돈으로 군인을 샀음). 한양은 훈련도감, 어영청(정유재란 후 총융청, 수어청과 더불어 추가), 금위청(숙종)에서

방위하고, 외곽은 총융청과 수어청에서 방위했다.
- 지방군 : 전기(15c) 영진군체제(군인 수가 많아야 방어가 가능한 체제)에서 중기(16c) 거진체제*로 변함. 왜란 발발 시 제승방략체제*를 썼으나 실패하고 임진왜란 이후 진관체제*로 바꿈. 정유재란 후에는 노비와 양반으로 이루어진 정규군으로 속오군* 정비.

예송논쟁(붕당정치의 전개 과정 후)
- 1차 예송논쟁: 효종 상(서인 1년 vs. 남인 3년, 서인 승)
- 2차 예송논쟁: 효종비 상(서인 9개월 vs. 남인 1년, 남인 승)

탕평책
- 영조 : 완론탕평(붕당 불인정)*, 서원정리, 이조전랑 권한 축소, 균역법
- 정조 : 준론탕평(붕당 인정)*, 장용영(친위부대) 설치, 화성건축, 소론 및 남인 등용, 초계문신제, 규장각, 신해통공

조선 후기 수취제도의 변화
- 조세: 15세기 과전법 ⇨ 공법(전분6등법*, 연분9등법*), 16세기 최저세율 관행 ⇨ 17세기 양란 이후 영정법(1결당 4두)*
- 공납: 17세기 양란 이후 대동법(특산물 대신 쌀, 포, 전으로 납부, 1결당 12두). 대동법 실시로 조세의 기준이 호(戶)에서 토지로 변화했고, 공인이 등장하여 상품화폐경제가 발달하는 초석을 깔면서 자본주의 시스템으로 돌입하게 되었다.
- 역 : 15세기에는 군역의 요역*화, 16세기에는 대립제*/방군수포제*에서 군적수포제(1년 2필)*로, 17세기 양란 이후에는 균역법(1년 1필, 양반 면제)을 실시하지만 이후 결작이나 어장세, 염세, 선박세와 같은 재정확보책으로 바뀐다.
- 조세의 전세화와 금납화는 자본주의로 가는 과정을 선도했다.

근대 태동기의 사회
- 세도정치(매관매직 성행), 삼정의 문란(전정, 군정, 환곡), 신분제 동요(사회의식, 평등의식 성장)
- 민란: 19세기 초 홍경래의 난, 19세기 중엽 임술농민봉기(→동학농민운동)
- 붕당 계파 형성 : 중농학파(경세치용학파), 강화학파*, 중상학파(이용후생학파, 북학파), 위정척사파*
- 호락논쟁 : 노론의 분화를 낳은 것으로 "인성과 물성은 같은가?'에 대한 의견을 두고 논쟁을 이어갔다(호론:인성≠물성, 배타적, 낙론:인성=물성, 개방적).
- 국학 연구: 『동사강목』*(안정복), 『연려실기술』*(이긍익), 『해동역사』*(한치윤), 『발해고』(유득공), 『금석과안록』*(김정희), 『아방강역고』*(정약용), 『택리지』(이중환), 김정호의 〈대동여지도〉, 『지봉유설』*(이수광), 『성호사설』*(이익), 『임원경제지』*(서유구), 『동국문헌비고』*(영/정조)

거진체제 : 조선시대에 각 도에 설치하였던 중간 규모의 군사 진영. 군사 작전상 중요한 거점에 배치했다.

제승방략체제 : 16세기 이후 각 지역의 군사를 한 곳에 집결시켜 한 사람의 지휘 아래 두게 했던 방위 체제이다.

진관체제 : 조선 전기 지방 방위 체제. 각 요충지마다 진관을 설치하여 진관을 중심으로 독자적으로 적을 방어하는 체제이다. 진관 체제는 작은 규모 전투에는 유리하지만 큰 규모의 적이 침입할 경우에는 문제점이 많았다.

속오군 : 역(役)의 의무를 지지 않은 양인과 천민으로 편성한 군대. 평상시에는 군포를 바치게 하고 나라에 일이 있거나 훈련할 때에 소집했다.

완론탕평 : 당파를 막론하여 과격한 인물을 배제하고 온건한 인물을 등용함으로써(緩論) 붕당 간의 극심한 정쟁과 옥사를 막고(蕩) 타협을 통해 정국의 안정을 도모(平)한 온건한 탕평책이다.

준론탕평 : 임금과 신하 간 의리를 중시하며 당파의 옳고 그름을 명백히 가리려 했던(峻論) 적극적인 탕평책이다.

전분6등법 : 전국의 토지를 비옥함의 기준에 따라 1등급에서 6등급까지 나누고 등급에 따라 조세의 기준을 다르게 하여 조세 부과의 공평을 꾀한 정책이다.

연분9등법 : 토지세에 토지 1결당 풍흉에 따라서 최저 4두에서 최고 20두를 납부하는 조세 제도이다.

영정법 : 전세(田稅)를 풍작과 흉작 여부에 관계없이 1결당 미곡 4두로 고정한 법이다.

요역 : 국가가 국민의 노동력을 강제로 부리는 것을 말한다. 노역, 부역과 같은 말이다.

대립제 : 다른 사람을 돈 주고 사서 군역을 대신(代) 서게(立) 하는 제도

방군수포제 : 복무 중인 군인(軍)을 고향에 돌려보내고(放) 그 대신 삼베(布)를 거두는(收) 제도

군적수포제 : 지방 수령이 관할 내 군역 부담자로부터(軍籍) 병역 의무 대신 삼베를 징수(收布)했던 제도

강화학파 : 조선 후기에 정제두를 비롯한 양명학자들이 강화도를 중심으로 형성한 학파

위정척사파 : 개국 후 개화에 반대하면서 바른 학문(正)인 유학을 지키고(衛) 그 밖의 종교와 사상을 이단과 사학으로 간주하여 배척(斥邪)한 학파

동사강목 : 조선 영조 때 안정복이 지은 역사책. 단군 조선에서부터 고려 말에 이르기까지의 역사를 주희의 『통감강목』을 참고로 하여 편년체로 기록하였다.

연려실기술 : 조선 정조 때에 이긍익이 펴낸 역사책. 조선 태조 이래 현종까지의 중요한 역사적 사실을 400여 가지에 달하는 야사(野史)에서 자료를 수집 및 분류하여 사견(私見)이 섞이지 않은 공정한 필치로 엮었다.

해동역사 : 조선 정조 때에 한치윤이 엮은 사서(史書). 우리나라의 것은 물론 중국과 일본의 역사책에서 단군에서 고려시대까지의 우리나라에 관한 기록을 뽑아서 엮었다.

금석과안록 : 조선 후기에 김정희가 쓴 금석문 연구서. 신라 진흥왕의 북한산 순수비와 황초령 순수비의 비문을 판독하고 해설 및 고증하였다.

아방강역고 : 조선 순조 11년(1811)에 정약용이 편찬한 역사 지리서. 우리나라 옛날의 영토에 관한 역사적인 고증을 하였다.

택리지 : 조선 선조 때의 학자 이수광이 지은 책. 우리나라 최초의 백과사전적인 저술로, 천문·지리·병정·관직 따위의 25부문 3,435항목을 고서(古書)에서 뽑아 풀이했다.

성호사설 : 조선 영조 때에 이익이 평소에 지은 글을 모아 엮은 책. 천지(天地)·만물(萬物)·인사(人事)·경사(經史)·시문(詩文) 따위의 부문으로 나누었으며, 부문마다 고증을 덧붙였다.

임원경제지 : 조선 후기에 농업정책과 자급자족의 경제론을 편 실학적 농촌경제 정책서

동국문헌비고 : 조선 영조 때 편찬된 일종의 백과사전으로 홍봉한 등이 편찬했다.

위아래~위위아래~!
위아래 모두가
반대했던 그 사람

파면

비선실세의 쓸쓸한 퇴장...

위(양반)와 아래(백성) 모두가 반대했던 한 사람, 없애고 만들고 막고 끝내는 쫓겨났던 사람, 바로 이하응 **흥선대원군**입니다. 당시 조선은 악명 높은 세도정치 때문에 왕권이 약화된 상태였어요. 삼정의 문란으로 경제상황은 말이 아니었고, 도처에서 민란이 발생하고 있었습니다. 대원군은 안으로는 **민생**을 **안정**시키고 **왕권**을 **강화**하고 **국가재정**을 **확충**하기 위해 노력했어요. 밖으로는 **통상수교 거부정책**을 단행했고요. 하지만 운명의 여신은 대원군 편이 아니었어요. 결국 그는 "서양 오랑캐가 침입하는데 싸우지 않으면 화친하자는 것이니, 화친을 주장함은 나라를 파는 것이다!"라는 말을 남긴 채 역사의 뒤안길로 사라집니다.

팩트 체크

- ☑ 없애라! : 세도가문타파, 서원철폐, 만동묘철폐, 비변사 폐지
- ☑ 만들어라! : 경복궁 중건 ⇨ 노역, 징발로 아래(백성) 원망, 당백전 발행, 원납전 발행, 호포법 시행 ⇨ 위(양반) 원성, 대전회통 편찬, 환곡을 사창제로 개혁, 고른 인재 등용
- ☑ 막아라! : 통상수교 거부, 서양열강 침략 ⇨ 쇄국정책 강화, 척화비 건립
- ☑ 주요 장면 : 1873년 대원군은 섭정(고종 대리) 10년 만에 최익현 상소로 탄핵(그때도 탄핵이네)된다(주문: 피청구인 고종아버지 흥선대원군을 파면한다). 1882년, 대원군은 임오군란 수습을 명목으로 탄핵 9년 만에 전격적으로 정계에 복귀하지만 청나라가 임오군란을 무력으로 진압하고 흥선대원군을 청으로 압송한다. 1898년, 대원군은 78세를 일기로 쓸쓸히 사망한다.

호포법 : 신분이나 지위 고하에 관계없이 양반들도 군포를 내게 한 세금 제도

근대화와 함께
외국에서
나쁜 병오신다?

연관 키워드

#고종 커피 #오페르트 #천주교 박해 #이양선 #강화도 조약

지금으로부터 약 150여 년 전인 1863년, 나이 어린 고종이 즉위합니다 (12세). 자연스레 실질적인 권한은 고종의 아버지 흥선대원군에게 돌아가지요. 근대화의 물결 속에 우리 앞바다에도 이양선(모양이 다른 배, 외국선박)이 출몰하고 서양세력의 통상 요구가 거세졌지만, 대원군은 이를 거부했습니다. 그 결과 세 가지 큰 사건이 일어나는데요. 먼저 1866년의 병인양요입니다. 프랑스가 병인박해를 구실로 강화도를 침략한 사건이지요(한성근, 양헌수의 활약으로 40일 만에 프랑스군 격퇴). 두 번째는 1868년에 있었던 오페르트 남연군묘 도굴사건(독일 상인 오페르트가 통상요구 거절에 앙심을 품고 흥선대원군의 아버지인 남연군의 묘 도굴 시도, 실패함)이지요. 마지막은 1871년의 신미양요(미국이 제너럴셔먼호 사건을 구실로 배상금 지불과 통상 요구, 어제연의 활약으로 이틀 만에 격퇴함)입니다. 대원군이 쇄국정책을 더 강화하는 계기가 된 매우 중요한 사건들이니 (조금 억지스럽지만) 이렇게라도 각인시켜봅시다.

"외국에서 나쁜 '병오신'대" (병인양요, 오페르트 도굴사건, 신미양요)

"병 이름이 뭐래니?"

"프독미라나 뭐라나!" (프랑스, 독일, 미국)

팩트 체크

☑ 1866년 : 천주교 박해(병인박해) ⇨ 제너럴셔먼호 사건* ⇨ 병인양요

☑ 1871년 : 신미양요 이후 척화비 건립(위정척사의 정신을 만천하에 알림)

☑ 1875년 : 운요호 사건*(일본) 발생

☑ 1876년 : 조일수호조규(강화도조약)* 체결 ⇨ 외국(일본)과 맺은 최초의 근대적 조약이자 불평등 조약

제너럴셔먼호 사건 : 1866년(고종 3) 8월 미국 상선 제너럴셔먼호가 평양에서 군민의 화공으로 불타버린 일

운요호 사건 : 통상조약 체결을 위해 일본 군함 운요호가 불법으로 강화도에 들어와 측량을 구실로 조선 정부의 동태를 살피다 조선 수비대와 전투를 벌인 사건이다.

조일수호조규(강화도조약) : 1876년 2월 27일(고종 13년 음력 2월 3일) 조선과 일본 사이에 체결된 통상 조약으로 근대 국제법의 토대 위에서 맺은 최초의 조약이다.

임오군란, 갑신정변?
1882, 1884?
아, 몰라!

모래인듯 모래아닌
모래같은 쌀

연관 키워드

#임오군란 구식군대 #별기군 #갑신정변 김옥균 #우정총국
축하연 #양무운동 #메이지 유신 #보빙사*

"X8, 82! 빨리 급여를 달란 말이야!" 급여가 지급되지 않고 (무려 13개월이나!) 급여 대신 지급된 쌀에 겨와 모래가 섞여 있는 등 신식군대 별기군*에 비해 턱없이 부족한 지원과 차별대우로 구식군대 2영(기존 5군영에서 축소)의 군인들이 참다못해 폭발한 사건이 **임오군란(1882년)**입니다.

"X8, 84! 일발발사!" 우정총국 축하연에서 김옥균 총기 발사! **청의 무력 개입**으로 3일천하로 끝난 급진개화파의 **갑신정변(1884년)**입니다.

팩트 체크

☑ 임오군란과 갑신정변*의 공통점 : 청나라의 무력 개입

☑ 갑신정변의 의의 : 최초의 정치개혁 운동, 일본에 지나치게 의존한 탓에 반쪽자리 개혁으로 그침(토지개혁 내용이 빠져서 민중의 지지를 받지 못함)

☑ 통리기무아문* 1880년 : 온건개화파 김홍집, 일본에 2차 수신사*로 파견 ⇨ 개화정책을 총괄할 조직의 필요성 절감 ⇨ 개화정책과 개화규제 역할을 총괄할 통리기무아문 설치(1880년)

☑ 주요 실적 : 최초의 신식군대 별기군 설치(일본인 교관), 구식군대인 5군영을 2영으로 축소, 일본에 조사시찰단 파견(일종의 암행어사로 파견), 청나라에 영선사 파견(재정부족과 임오군란 발발로 중도 귀국) ⇨ 1882년 임오군란 발발 후 흥선대원군이 다시 정권을 잡고 통리기무아문 폐지

☑ 개화파는 임오군란 이후 개화의 방법을 둘러싸고 온건청양무(온건개화파; 청의 양무운동*을 개혁모델로 삼아 점진적 개혁을 추진)와 급진일메(급진개화파; 일본의 메이지유신을 모델로 삼아 적극적 개혁을 추진)로 분화함.

별기군 : 특별히(別) 기량(技)이 우수한 군사를 뽑아 편성한 군대(軍)로 고종 18년(1881)에 조직한 근대식 군대이다. 일본인 교관을 채용하여 근대식 군사 훈련을 시키고 사관생도를 양성했는데 임오군란 발발 이후 폐지된다.

갑신정변 : 1884년 갑신(甲申)년에 김옥균, 박영효 등의 개화당이 민씨 일파를 몰아내고 혁신적인 정부를 세우기 위하여 일으킨 정변(政變). 거사 이틀 후에 민씨 등의 수구당과 청나라 군사의 반격을 받아 실패로 돌아갔다.

통리기무아문 : 구한말에 정치와 군사 등 중요한(機)에 관한 사무(務)를 총괄하여 맡아보던(統理) 관아(衙門). 1880년대 개화정책을 추진하기 위해 설치한 기구이다.

수신사 : 신의를 닦는(修信) 사신(使)이란 뜻으로 구한말, 일본에 보내던 외교 사절이다. 고종 13년(1876)에 통신사를 고친 것으로 김기수·김홍집 등을 파견했다. 통신사라 부르던 것을 강화도 조약 이후 수신사로 바꿨다.

양무운동 : 19세기 후반에 중국 청나라에서 일어난 근대화 운동. 태평천국 운동과 애로호 사건 등에 자극을 받아 증국번, 이홍장 등이 주동이 되어 군사, 과학, 통신 따위의 개혁을 꾀하였다.

보빙사 : 조미 수호통상조약(1882) 체결 이후 고종이 미국에 파견한 일종의 답례사절. 조선에서 최초로 미국 등 서방 세계에 파견된 외교 사절단이다.

갑신정변 10년 후, 동학농민운동과 갑오개혁

일발발사!

일본

갑신정변(1884년, 14개조 개혁정강 발표)이 일어난 지 10년 후인 1894년
에 발발한 두 개의 큰 사건은 바로, 동학농민운동과 갑오개혁입니다.
동학농민운동에서 **1차 농민봉기는 반봉건의 성격**이 강했고 **2차 농민
봉기는 반외세적 성격**이 좀 더 강했습니다.

전개 양상은 '고농전집농'으로 이해하세요. 고부농민봉기 ⇨ 농민봉기
1차(황토현·황룡촌 전투 승리) ⇨ 전주화약 체결 ⇨ 집강소 설치 ⇨ 농민
봉기 2차(공주 우금치전투에서 패배, 전봉준 등 지도자 체포)입니다. 그다음,
갑오개혁입니다. 조선 고종 31년(1894) 7월부터 고종 33년(1896) 2월
사이에 추진되었으며, 개화당이 정권을 잡아 3차에 이르는 개혁을 통
하여 재래의 문물제도를 근대식으로 고치는 등 정치·경제·사회 전반
에 걸쳐 혁신을 단행한 개혁운동입니다. **군국기무처*와 홍범14조* 반
포**를 골자로 기억하면 됩니다.

을미사변*을 계기로 추진된(1895년 8월~1896년 2월) 제3차 개혁을 따로
분리하여 '을미개혁*'이라고 부릅니다.

팩트 체크

☑ **동학농민운동** : 녹두장군 전봉준과 사발통문, 고부군수 조병학 폭정, 폐정 개혁안 12개조 발표(신분제폐지, 과부재가허용, 조세제도 개혁 등), 갑오개혁에 영향을 미침

☑ **갑오개혁**
- 1차 : 일본의 경복궁 점령 ⇨ 김홍집 내각(친일내각)구성 ⇨ 군국기무처 신설, 신분제·과거제 폐지, 왕실·국정 사무분리, 조혼·연좌제 금지
- 2차 : 김홍집·박영효 연립내각 구성 ⇨ 고종의 홍범14조 반포, 지방 행정구역 개편(8도→23부), 사법권 독립, 교육입국 조서 반포

☑ **근대 개혁운동과 늘 알쏭달쏭한 숫자들!**
- 갑신정변(1884) : 14개조 개혁정강 발표
- 동학농민운동(1894) : 폐정개혁안 12개조 발표
- 을미개혁(1894) : 홍범14조 반포(고종)

☑ **독립협회(1896)** : 건양(建陽) 1년(1896) 7월에 서재필, 이상재, 윤치호 등이 우리나라의 자주독립과 내정 개혁을 위하여 조직한 정치·사회단체. 〈독립 신문〉을 발간하고 독립문을 건립하였으며, 1898년에 만민공동회를 개최 하고 시국에 대한 6개조의 개혁안을 결의(헌의6조*)하여 황제에게 주청 하는 등의 활동을 펴다가 1899년 해산되었다.

☑ **대한제국(1897)** : 고종이 수립, '광무'연호 제정, 대한국 국제 반포(1899)

☑ **만민공동회(1898)** : 1898년에 독립협회 주최로 서울 종로 네거리에서 열린 민중 대회. 외세의 배격과 언론, 집회의 자유를 주장하는 따위의 민족주의·민주주의 운동을 제창하였다.

군국기무처 : 조선 후기, 정치·군사에 관한 일체의 사무를 맡아보던 관아. 청일 전쟁 직후 일본의 강압으로 관제를 개혁할 때인 고종 31년(1894)에 설치한 것으로, 갑오개혁의 중추적 역할을 담당했다.

홍범 14조 : 한국 최초의 근대적 헌법. 1895년(고종 32년) 1월 7일, 고종은 세자와 대원군·종친 및 백관을 거느리고 종묘에 나아가 먼저 독립의 서고문(誓告文)을 고하고 이를 선포하였다. 다음날인 1월 8일에는 이를 전 국민에게 반포했다. 이 서고문을 홍범14조라 하는데, 근세 최초로 순한글체와 순한문체 및 국한문 혼용체의 세 가지로 작성하여 발표한 것이다. 순한글체에서는 홍범14조를 '열네 가지 큰 법'이라 표기했다.

을미사변 : 을미(乙未)년에 일본의 자객들이 명성황후를 시해한 사건(事變)

을미개혁 : 조선 고종 32년(1895)에 일본에 의지하여 조선의 개화파 관료들이 추진한 국정 개혁. 갑신정변과 동학농민운동의 기반 위에서 차별적인 신분 제도를 폐지하고 근대적 평등 사회의 기틀을 마련하였으며, 자주독립을 국내외에 선포한 최초의 선언인 홍범14조를 반포하였다.

헌의 6조 : 독립협회가 1898년 10월 29일 열린 관민공동회에서 결의한 6개 항의 국정개혁안이다. 1.외국인에게 의지하지 말고 관민이 한마음으로 힘을 합하여 전제 황권을 견고하게 할 것 2.외국과의 이권에 관한 계약과 조약은 각 대신과 중추원 의장이 합동 날인하여 시행할 것 3.국가 재정은 탁지부에서 전관하고, 예산과 결산을 국민에게 공표할 것 4.중대 범죄를 공판하되, 피고의 인권을 존중할 것 5.칙임관을 임명할 때에는 정부에 그 뜻을 물어서 중의에 따를 것 6.정해진 규정을 실천할 것

사발통문 : 호소문이나 격문 따위를 쓸 때에 누가 주모자인가를 알지 못하도록 서명에 참여한 사람들의 이름을 사발 모양으로 둥글게 삥 돌려 적은 통문

위정척사
6789운동

목숨을 걸고
개항에 반대한
최익현 선생

1863년 고종 즉위 후 미국, 프랑스, 일본을 비롯한 제국주의 열강들의 통상 요구는 더욱 거세어집니다. 흥선대원군의 쇄국정책과 함께 전국의 유생들은 **위정척사운동**을 전개하며 서구의 침략에 맞섰습니다. 1860년대부터 90년대까지 10년 주기로 일어난 대표적인 위정척사운동을 우리는 **위정척사 6789운동**으로 기억해둘까요?

팩트 체크

☑ 위정척사(衛正斥邪)운동 : "바른 것은 위하고(위정) 사악한 것은 배척하자(척사)!"는 뜻으로 조선 후기에 정학(正學)을 지키고 사학(邪學)을 배척하는 유교의 벽이단(闢異端)* 이념을 주장하며 일어난 사회운동이다.

☑ 1860년대 프랑스에 반대, 이항로, 기정진 : "프랑스가 통상을 요구하자 유생들이 항로를 기정진으로 틀었다!"고 이해하면 쉽다(프랑스 통상요구, 이항로·기정진 등이 통상반대운동 전개).

☑ 1870년대 일본에 반대, 최익현 : 1873년 흥선대원군 탄핵상소로 유명한 상소의 아이콘, 최익현이 "왜양일체론(왜놈과 양놈은 같다)"을 주장하며 개항반대운동을 전개한 것.

☑ 1880년대 미국에 반대, 이만손 : "80만만소"를 기억하자(80년대 이만손의 영남만인소). 미국과의 수교를 추천하는 황쭌센의 『조선책략』이 김홍집을 통해 조선에 유포되자 이만손을 비롯한 만인(만 명)의 유생들이 상소를 올려 개화반대운동을 전개했다.

☑ 1890년대 다시 일본에 반대, 유인석 : 1895년 을미사변과 을미개혁(단발령 등)에 분개하여 상투를 자를 수 없다며 위정척사 사상을 가진 유생 유인석 등이 일본의 침략에 저항하는 항일의병운동을 전개했다.

☑ 의병활동 : 1890년대 유인석의 을미의병을 시작으로 을사의병, 정미의병 등이 이어진다.

☑ 을미의병(1895) : 명성황후 시해 사건과 단발령 계기. 유인석, 이소응 등 유생들이 주도함. 고종의 해산권고 조칙으로 자진 해산하다.

☑ 을사의병(1905) : 외교권을 박탈한 을사조약(또는 을사늑약)에 항의하여 일어남. 양반 유생(유인석, 최익현) 참여, 처음으로 평민출신 의병장(신돌석)이 선봉에 섰다. 활빈당 합류.

☑ 정미의병(1907) : 고종의 강제퇴위와 군대해산이 원인이 되어 발발. 해산된 진위대 군인들이 합류하여 의병의 전투력이 강화되었다. 13도 창의군*을 결성하여 서울 진공작전을 전개하며 국제법상 교전단체로 인정을 요구했다.

☑ 호남의병 : 일본의 남한대토벌작전으로 진압되었다.

☑ 의열투쟁 : 개인적인 항거

☑ 2차 한일협약(을사조약) : 민영환 자결, 장지연의 「시일야방성대곡」, 오적암살단(나철, 오기호)

☑ 한일신협약(1907) : 박승환 자결

☑ 기유각서(1909)*, 경술국치(1910)* : 장인환, 전명운의 스티븐스 사살(1908), 이재명의 이완용 피습(1909), 안중근의 이토 히로부미 사살(1909)

사학 : 주자학에 반대되는 사악한 학문(邪學), 즉 조선 중기에는 양명학을, 후기에는 천주교나 동학을 가리켰다.

벽이단 : 이단(異端)을 물리침(闢)

13도 창의군 : 13도 창의군은 1905년 을사늑약 체결 이후 다시 전국적으로 의병 항쟁이 일어났을 때, 각지의 의병부대들을 단일대오로 통수하기 위해 1907년 원주에서 거병한 이은찬, 이구채 등이 주도하여 문경의 이인영을 수일간 설득, 통수로 추대하고, 각 도에서 의병들을 모집하여 한양으로 진격, 일본군을 토벌하고 독립을 달성하기 위해 구성한 자발적인 의병연합부대이다.

기유각서 : 1909년 7월 12일에 일본이 한국의 사법권 및 감옥 사무 처리권을 빼앗기 위하여 강제로 체결한 외교 문서. 이완용과 소네 아라스케 통감 사이에 맺어졌으며, 이로 인하여 법부(法部)와 재판소가 폐지되고 그 사무는 통감부의 사법청(司法廳)으로 옮겨졌다.

경술국치 : 대한제국 융희 4년(1910)에 일제가 강제적으로 우리나라의 통치권을 빼앗고 식민지로 삼은 일을 이른다. 국권피탈로 순화하여 부른다.

활빈당 : 1900년에서부터 1904년까지 활동한 반제국주의, 반봉건주의적 무장 민중 봉기 집단이다.

을사오적 : 구한말에 을사조약의 체결에 가담한 다섯 매국노. 외부대신 박제순, 내부대신 이지용, 군부대신 이근택, 학부대신 이완용, 농상공부대신 권중현을 이른다.

시일야방성대곡 : 이(是) 날(日也) 소리(聲)를 놓아(放) 크게(大) 울다(哭). 1905년에 일본의 강요로 을사조약이 체결된 것을 슬퍼하여 장지연이 민족적 울분을 표현한 논설이다.

신문 발행을 시작으로 근대문물이 유입되다

연관 키워드

#박문국 #한성주보 상업광고 #베델 #국채보상운동

19세기 후반 대원군의 쇄국정책에도 불구하고 서양 열강들의 거듭된 개방 요구로 마침내 우리나라에도 근대 문물이 들어옵니다. 출판, 철도, 건축 등 다양한 분야에 걸쳐 근대화가 시작되었는데요. 그동안 신문 이름과 발간 순서를 정리하는 데 애로사항이 많으셨지요? 이런 방법은 어떨까요?

"한성에서 열흘마다(한성순보) 일주일마다(한성주보) 독립을(독립신문) 외치니 황성옛터에서는(황성신문) 대한매일(대한매일신보) 방방곡곡 만세(만세보) 소리가 들려오네!"

팩트 체크

- ☑ 한성순보(1883년) : 박문국(출판, 인쇄를 담당하는 정부기관)에서 발행한 최초의 신문으로 순한문 신문이다. 10일마다 발행해서 순보(旬報)라고 한다.
- ☑ 한성주보(1886년) : 국한문혼용 신문, 최초로 상업광고 게재(7일마다 발행)
- ☑ 독립신문(1896년) : 독립협회에서 서재필이 발행한 최초의 민간신문, 민권 신장에 기여
- ☑ 황성신문(1898년) : 남궁억이 발행, 을사조약을 규탄하는 장지연의 「시일야 방성대곡」 게재
- ☑ 대한매일신보(1904년) : 양기탁과 베델이 운영, 국채보상운동(1907년)* 지원
- ☑ 만세보(1906년) : 천도교에서 발행한 국한문혼용 신문

국채보상운동 : 대한제국 때에, 일본으로부터 빌려 쓴 국채(國債) 1,300만 원을 갚기 위하여(報償) 벌인 거족적인 애국 운동. 융희 원년(1907)부터 이듬해까지 국권 회복을 위한 투쟁의 일환으로, 대구의 서상돈 등이 주동하고 〈제국신문〉, 〈황성신문〉, 〈만세보〉 등이 적극 지지하여 모금 운동을 벌였으나 통감부의 압력과 일진회의 방해로 중단되었다.

근대문물이 들어오면서
발전한 철도와 건축

연관 키워드

#동양척식주식회사 #나석주 #원각사 #제중원 박서양
#미소공동위원회

근대문물이 들어오며 우리의 사회구조와 의식에도 많은 변화가 일어납니다. 이번 시간에는 특히 철도와 건축 분야에 집중해보겠습니다.

(#1, 1896년부터 1899년까지, 연도별 대표적인 근대문물)

독립신문[*](1896년)이 **독립문**(1897년) 완공을 알리는 기사를 내자 **명동성당**(1898년)에서 열리는 축하 미사에 수많은 사람들이 **전차**와 **경인선**(1899년)을 타고 몰려들었다.

(#2, 1908년, 같은 해 완공된 근대건축물)

1908년, 매국노 아버지의 도움으로 **동양척식주식회사**[*]에 들어간 뼛속까지 친일파 XXX가 **원각사**에서 일본인 여자 친구와 함께 서양식 연극(신극)을 관람했다.

팩트 체크

- ☑ 우편 : 우정총국 설치(1884년), 만국 우편연합 가입(1900년)
- ☑ 전기 : 경복궁에 전등설치(1887년), 한성 전기회사 설립(1898년)
- ☑ 교통 : 전차(1899년, 서대문~청량리), 경인선(1899), 경부선(1905)
- ☑ 의료 : 광혜원(후에 제중원으로 개칭/ 최초의 서양식 병원), 대한의원
- ☑ 건축 : 독립문(1897), 명동성당(1898), 동양척식주식회사&원각사(1908), 덕수궁 석조전(1910년, *미소공동위원회가 개최된 곳)
- ☑ 교육 : 원산학사(1883, 최초의 근대적 사립학교), 동문학(1883, 외국어교육기관), 육영공원(1886, 나라에서 세운 최초의 현대식 학교), 배제학당, 이화학당(개신교 선교사가 설립)

VIII 민족
독립운동

역사를
잊은
민족에게
미래는
없다...

뱅뱅뱅~
빵야빵야빵야!
안중근 의사

의사

열사

지사

그냥.. 의사.. 쌤 ^^

연관 키워드

#하얼빈감옥 #도마 안중근 #윤봉길 김구 시계
#유관순 열사 업적

1909년, 중국 하얼빈에서 이토 히로부미를 총으로 사살한 우리의 영웅 안중근 의사. 1919년, 일제강점기 가녀린 소녀의 몸으로 태극기를 손에 들고 3·1만세운동을 주도하다 순국한 유관순 열사. 그 외에도 이봉창 의사, 이준 열사, 민영환 열사, 도산 안창호, 백범 김구 선생 등 우리 역사를 빛낸 수많은 독립운동가들이 있는데요. 그런데 누구는 의사고 누구는 열사고, 또 누구는 애국지사일까요? 한숨 쉬지 말고 이렇게 기억해둡시다. 의사는 총, 포탄 등 무력으로 투쟁한 독립운동가, 열사는 무기 없이 맨손으로 투쟁한 독립운동가, 지사는 뒤에서 이들을 도와주신 분들. 음, 그렇다면 도시락 폭탄을 투척한 윤봉길 선생님은 당연히 의사겠죠?

팩트 체크

☑ Q : 잠깐, 한때 서열 3위였다가 탄핵당한 어느 분이 "안중근 의사께서는 차디찬 하얼빈 감옥(이게 뭥미??)에서 '천국에 가서도 우리나라의 회복을 위해 힘쓸 것'이라는 유언을 남기셨다"라고 연설했다는데요?

☑ A : 그건 당연히 잘못된 이야기예요(누가 태블릿 PC로 연설문을 먼저 보고, 자주 고쳐줬다는 끔찍한 이야기가 있어요ㅠㅠ). 의거장소가 1909년 10월 26일, 하얼빈 기차역이고, 순국 장소는 1910년 3월 26일 뤼순감옥입니다.

만세, 만세, 만만세~
세 번의 항일운동

연관 키워드

#인신일 #민족유일당운동 #소파 방정환 어린이날 #무단통치*
#문화통치* #신간회 초대회장

아이구아이구(1919년) 원통하구나, 고종황제와 3·1운동!

고종황제 인산일(왕과 왕족의 장례식)을 이틀 앞둔 1919년 3월 1일, 전국 적으로 만세운동이 일어납니다. 이를 계기로 상하이에서 대한민국 임시 정부가 수립되고, 1920년대 일제는 문화통치로 방법을 전환하죠.

7년 뒤(1926년) 아들 순종 인산일, 다시 일어난 6·10만세운동!

조선의 마지막 임금, 27대 순종의 장례식인 1926년 6월 10일에 학생 과 종교지도자들의 주도로 또 한 번 만세운동이 일어나요. 이를 통해 **민족유일당운동(신간회 결성)의 계기**를 마련합니다.

3·1운동 10년 뒤 (1929년) 대규모 광주항일학생운동!

학생이 주도한 1920년대 최대 규모의 항일운동으로 한국인 학생과 일 본인 학생사이의 충돌로 빚어진 광주에서 일어난 항일운동입니다.

팩트 체크

☑️ 1920년대의 대중운동
- 학생운동 : 6·10만세운동(1926년 순종 인산일, 사회주의 세력이 기획), 광주 항일학생운동(1929), 6·10만세운동 ⇨ 신간회 창립 ⇨ 광주항일학생운동
- 청년운동 : 조선청년총동맹(좌우합작*)
- 여성운동 : 근우회(신간회 자매단체-좌우합작, 호주제 법제화 반대 투쟁)
- 형평운동 : 백정 신분차별 폐지운동, 진주에서 봉기

좌우합작 : 좌익 세력과 우익 세력(左右)이 연합함(合作)

일제 핵심기관 건물 폭파는 의열단에게 맡겨다오!

영화처럼,
불꽃같은 삶을 살다간
영웅들...의열단

연관 키워드

#아나키스트 #영화 밀정 #신채호 의열단 #김상옥 종로경찰서

쓸쓸하고 찬란하神 도깨비, 공유가 연기의 神 송강호와 함께 출연했던 영화 〈밀정〉은 **무장독립운동단체 의열단**에 관한 내용이었습니다. **1919년 11월, 중국 만주에서 약산 김원봉을 단장으로 조직된 의열단**은 **1920년대에 국내외에서 활발하게 활동**했답니다. 일제의 고관들과 친일파 암살, 식민지 핵심기관 폭파 등 강력한 암살폭파 무장투쟁으로 일제의 간담을 서늘케 했던 의열단! 주요 업적으로는 **조선총독부 폭파**와 **김상옥 의사**(왜 의사인지는 아시죠?)의 **종로경찰서 폭탄투척** 등이 있습니다. 영화 〈밀정〉 속 의열단원들이 멋진 정장차림으로 나온 이유가 영화배우이기 때문이냐고요? 그분들은 독립운동을 하다 언제 죽을지 몰랐기에 언제나 마지막 하루를 산다는 생각으로 멋을 내고 정장복장을 하셨다고 하니 그 의연함에 절로 고개가 숙여집니다.

팩트 체크

☑ 1919년 3.1운동 후 일제의 억압이 더욱 심해졌기에 맨손 투쟁이 아닌 무기를 사용했다. 그래서 주요 활동 시기는 3·1운동 이후인 1920년대이다.

☑ 1920년대의 의열투쟁
 – 김원봉 : 무정부주의(아나키즘)
 – 신채호 : 〈조선혁명선언〉*
 – 김상옥 : 종로경찰서에 폭탄 투척
 – 나석주 : 동양척식주식회사에 폭탄 투척

폭파는 의열단, 그렇다면
요인 암살은 누가?

김구 선생과
한인애국단

연관 키워드

#조선총독부 김익상 #홍커우공원 윤봉길 #이봉창 의사
명언 #"나는 너희 임금을 상대로 하는 사람이거늘 어찌
너희들이 감히 내게 무례히 하느냐!" #중국 국민당 대한민국
임시정부

이번에는 1930년대 국외에서 활발한 의거활동을 전개했던 일제 요인 암살 전문단체 **한인애국단**을 살펴보겠습니다. **의열단**은 **김원봉**이 **조직(1919년)**하여 **1920년대 국내에서 주로 활동**했는데, **건물 폭파**가 전문이었습니다. 함께 알아둘 것으로 김상옥, 나석주 의사 ·신채호의 조선혁명 선언 ·조선혁명학교 설립 ·조선의용대 창설 등이 있어요. '조선'이나 '조선혁명'이 들어가면 무조건 의열단과 관련된 내용이라는 점, 명심하세요. 반면, **한인애국단**은 **김구** 선생님이 조직(1931년)했고, **1930년대 국외에서 주로 활동했던 일제 요인암살 전문단체**입니다. 이봉창, 윤봉길 의사가 주요 인물이고. 중국 국민당이 대한민국 임시정부를 지원하는 계기를 마련해주었습니다.

팩트 체크

의열단	한인애국단
1919년 김원봉이 만주(길림)에서 조직	1931년 김구 선생, 상하이에서 조직
1921년 조선총독부 폭탄 투척(김익상)	1932년 일왕에게 폭탄 투척(이봉창)
1923년 종로경찰서 폭탄 투척(김상옥)	1932년 상하이 훙커우공원 의거(윤봉길)
1926년 동양척식주식회사 폭탄 투척(나석주)	김구 선생이 침체된 대한민국 임시정부에 활력을 불어넣기 위해 결성
강령: 신채호의 조선혁명선언(1923년)	1940년대, 김구가 충칭에서 한국광복군을 창설하여 독립군 투쟁을 강화
조선혁명학교 설립(1932년)	
조선 의용대 창설(1938년)	

일제강점기
통치 방식의 변화

잎새에 이는 바람에도
괴로워하며 우리글로
일제에 저항시를 쓰며
스러져간 청년, 윤동주!

연관 키워드

#병참기지화 정책 #내선일체 #산미증식계획
#창씨개명 박정희

1910년 8월, 한일병합조약을 체결한 일제는 우리의 국권을 피탈하고 통감부를 총독부로 개편하며 이 땅에 잔악한 식민통치를 실시합니다. 일제하 3단계에 걸쳐 자행된 일제 통치 방식의 변화를 **무·문·민** 통치기로 기억해볼까요? 일제는 강제적인 **한일병합 이후 무단통치**를 자행했으나 1919년 3월 1일, 들풀처럼 일어난 민초들의 만세운동 이후 전략을 수정합니다. 따라서 **1920년대엔 문화통치**가 실시되지요. 그러나 우리 민족은 이에 굴하지 않고 대한민국 임시정부를 수립하고, 6·10 만세운동, 신간회 결성, 광주학생항일운동 등으로 강력하게 저항합니다. 이에 일본은 **1930년대** 들어 마침내 본색을 드러내면서 병참기지화 정책*과 황국신민화 정책*을 앞세워 우리 민족의 근간을 없애려는 **민족말살통치**를 단행합니다. "무단으로 통치해도 저항하자 문화정책으로 유화책을 쓰고, 결국엔 본색을 드러내어 민족말살정책을 썼다"는 것이 일제강점기 통치 방식의 핵심입니다.

팩트 체크

☑ 1910년대 무단통치기 : 헌병경찰 통치, 기본권 박탈, 조선 태형령 제정, 회사령으로 민족기업 성장 억제 등

☑ 1920년대 문화통치기 : 보통 경찰제로 전환, 조선·동아일보 창간, 교육기회 확대, 치안유지법 제정, 산미증식계획* 등

☑ 1930년대 이후 민족말살통치기 : 병참기지화 정책 ⇨ 국가총동원법 제정, 황국신민화 정책 ⇨ 내선일체* 선전, 창씨개명 강요 등

장엄하고 비장했던
국내외 독립투쟁사

연관 키워드

#만주 신흥무관학교* 이회영 #신흥무관학교 출신
#김좌진 북로군정서 #3.1운동 서로군정서

일제강점기 우리의 선조들은 국내외에서 치열한 독립투쟁운동을 전개했습니다. 나라 잃은 설움과 한을 뒤로 한 채 한시라도 빨리 조국을 되찾으려 노력하셨던 그분들의 숭고한 노력에 새삼 숙연해져요. 독립단체의 명칭과 역할 때문에 우리의 독립투쟁사에 흥미를 잃었을지도 모를 분들을 위해 뼈대를 간단히 설명할게요. 우선 1910년대엔 **중국 지명과 독립투사를 길러내기 위한 학교가 많이 등장**합니다. 나라 잃은 슬픔에 조국을 뒤로 하고 중국과 미주로 떠나 국외독립운동 기지를 건설하는 데 주력했던 시기입니다. 1920년대에는 **의열단과 신간회, 중국내 독립투쟁 전투** 이야기가 자주 나옵니다. 1930년대에는 **'한' 자로 시작하는 단체와 군대**가 많이 나옵니다.

팩트 체크

- ☑ **1910년대** : 서간도(신흥무관학교, 삼원보*, 경학사* 등), 북간도(서전서숙*, 중광단* 등), 연해주 (신한촌, 대한광복군정부 등), 상하이 (신한청년당 등) 미주 (대한인국민회 등), 국내 민족운동 (독립의군부, 대한광복회 등)
- ☑ **1920년대** : 의열단(약산 김원봉 조직, 조선혁명선언을 지침으로 삼음), 신간회(민족주의+사회주의, 민족유일당운동으로 탄생), 봉오동전투(홍범도의 대한독립군, 일본군 격파), 청산리전투(김좌진 장군, 중광단을 중심으로 북로군정서 조직)
- ☑ **1930년대** : 한인애국단(백범 김구 선생 주도, 이봉창, 윤봉길 의사 의거), 한국광복군(대한민국 임시정부 산하의 군대), 한국독립군(쌍성보, 대전자령 전투), 조선혁명군(영릉가, 흥경성 전투)

민족유일당운동의
결과물 '신간회'

연관 키워드

#브나로드운동 동아일보 #신간회 민족유일당운동
#신간회 신민회

1920년대 국내 민족운동 전개과정 중 가장 핵심적인 역할을 수행했던 단체인 신간회를 살펴봅시다. **민족유일당운동**이라는 낯선 용어와 정우회, 신간회, 근우회 등 엇비슷한 단체의 이름 때문에 이 부분을 어렵게 여기는 분들이 많은데요. 민족유일당운동이란 1920년대 중후반 중국에 기반을 둔 독립운동단체들을 하나로 통합시키기 위해 전개된 운동입니다. 그 결과물로 탄생된 단체가 바로 신간회*고요. **신간회**는 1926년 6·10만세운동 당시 진상조사단을 파견하여 이를 전국으로 확산시키는 데 기여하고, 1927년 창립되었으나 1931년 신간회가 없어지면서 결국 이 운동은 실패로 돌아갑니다. **브나로드운동**(1931년)은 **문맹퇴치운동이자 농촌계몽운동**으로 언론사(동아일보)가 주도했습니다.

팩트 체크

☑ 일제강점기 국내 민족운동사
  – 1919년 3·1운동(고종 인산일)
  – 1926년 6·10만세운동(순종 인산일)
  – 1926년 11월 정우회 선언 반포(신간회 창립의 도화선)
  – 1927년 신간회 창립(민족유일당운동의 결과물)
  – 929년 광주학생 항일운동(1920년대 최대 규모 항일운동)
  – 1931년 브나로드운동 전개(문맹퇴치, 농촌계몽운동)

☑ 신간회 : 1927년에 민족주의와 사회주의 운동의 대립을 막고 항일 투쟁에서 민족 단일 전선을 펼 목적으로 조직한 민족 운동 단체

☑ 신간회 창립의 도화선이 되었던 두 개의 사건 : 6·10만세운동, 정우회 선언

혼과 얼을 지켰던
민족주의 사학자들

(feat.박은식&신채호)

우리의 혼과 얼을 지키려 애쓰신 분들께
그림으로 나마 위안을 드립니다…

연관 키워드

#가갸날 #신채호 조선혁명선언 의열단 #민족말살통치기
#조선사연구초 모청

일제강점기 말, **식민지교육정책**과 **한국사 왜곡** 등 일제의 식민지문화정책이 극에 달했던 **민족말살 통치기**! 민족주의 사학자들과 국어학자들은 우리 민족의 '혼'과 '얼'을 지키기 위해 끊임없이 노력했습니다.

"**혼을 민족정신으로 강조**하며 『**한국통사**』를 저술한 **대한민국 임시정부 제2대 대통령 박은식 선생**에게 혼이 난 일제는 『**조선혁명선언**』, 『**조선상고사**』*, 『**조선사 연구초**』 등 트리플 조선 저서와 『**독사신론**』을 저술하고 **낭가사상**을 주창하신 **신채호 선생**에게 난감함을 금치 못하다가, **얼을 민족정신으로 강조**하며 **조선학운동**을 전개한 **정인보 선생**을 보자 얼이 나갔다."

팩트 체크

☑ 한국사 연구
- 박은식 : '혼'을 민족정신으로 강조, 『한국통사』, 『한국독립운동지혈사』 저술, 양명학에 토대를 둔 유교 구신론 주장, 대한민국 임정 제2대 대통령 역임
- 정인보 : '얼'을 민족정신으로 강조, 조선학운동 전개
- 문일평 : '조선 심'을 민족정신으로 강조, 조선학운동 전개
- 신채호 : '낭가사상'을 민족정신으로 강조, 『독사신론』, 『조선혁명선언』, 『조선상고사』, 『조선사 연구초』 저술. 특히, 1923년에 저술한 『조선혁명선언』은 의열단의 강령이 되었다.
- 안재홍 : 『조선상고사감』 저술
- 진단학회 : 이병도, 손진태 등 〈진단학보〉* 간행

☑ **국어 연구**

- 조선어연구회(1921) : 최현배, 한글보급, 가갸날 제정, 잡지 《한글》 간행
- 조선어학회(1931) : 지석영, 주시경 등이 중심이 되어 설립함. 조선어연구회를 계승한 단체로 한글맞춤법 통일안과 표준어 제정, 1942년 조선어학회 사건(이윤재, 한징 옥사)로 해체됨

개념어 이해하기(224-243pp.) ─────────────────────

독립신문 : 독립 협회의 서재필, 윤치호가 창간한 우리나라 최초의 민간 신문. 순 한글 신문으로 영자판과 함께 발간하여 처음에는 격일간으로 펴내던 것을 1898년 7월부터 매일 발간하다가 광무 3년(1899)에 폐간되었다.

동양척식회사 : 이름이 동양(東洋)인 회사가 개척과 식민(拓殖)을 한다는 뜻으로 1908년에 일본이 한국의 경제를 독점·착취하기 위하여 설립한 국책 회사다. 주로 토지를 강점, 강매하여 높은 비율의 소작료를 징수하고 많은 양곡을 일본으로 반출하다가 1917년부터 본점을 일본 도쿄로 옮기고 동양 각지로 사업을 확대하였으나 일본이 제2차 세계대전에 패전하면서 문을 닫았다.

무단통치 : 군대나 경찰 따위의 무력(武斷)으로 행하는 정치(政治)로 일본이 헌병을 동원해 조선을 무력으로 지배한 시기이다.

문화통치 : 일본이 3·1운동 이후 1931년까지 실시한 조선에 대한 식민지 정책이다. 일종의 유화적인 지배 정책이다.

조선혁명선언(朝鮮革命宣言) : 1923년 중국 북경에 망명중이던 신채호(申采浩)가 비밀 항일결사 단체인 의열단(義烈團)의 선언문으로 작성한 글이다. 1919년 11월 10일에 창립되었던 의열단은 ①왜놈들을 몰아내고 ②조국을 되찾고 ③사회계급을 없애고 ④평등을 추구하는 강령과 〈천하 정의(正義)의 율(律)을 맹렬하게 실천함〉 등의 공약 10조를 가지고 있었으며, 1923년 신채호에게 위촉하여 6천 4백여 자로 구성된 민족혁명주의적인 이 독립선언문을 제시하였다. 이 선언문은 모든 의열단 단원들이 항상 소지하고 다녔을 뿐만 아니라, 1919년에 발표되었던 삼일독립선언문(三一獨立宣言文) 이후 가장 큰 역사적 의의를 지닌 독립사상을 밝힌 문헌으로 평가된다.

병참기지화 정책 : 한반도를 일본의 대륙 침략 및 태평양전쟁을 위한 전쟁 및 군수물자(兵站)의 공급기지(基地)로 활용한 정책이다.

황국신민화 정책 : 우리 국민을 일본 천황의 충실한 백성(皇國臣民)으로 만들려는 정책. 일본

이 우리 민족의 말살을 위하여 내세운 구호이다.

내선일체 : 일본과 조선(內鮮)은 한 몸(一體))이라는 뜻으로, 일제강점기 때 일본이 조선인의 정신을 말살하고 조선을 착취하기 위하여 만들어낸 구호이다.

산미증식계획 : 쌀(米) 생산(産)을 늘리기(增殖) 위한 계획. 일제가 조선을 일본의 식량 공급지로 만들기 위해 실시한 농업정책이다.

신흥무관학교 : 1920년에 만주 류허현(柳河縣)에 세운 독립군 양성 기관. 서로 군정서에 속하였으며, 이시영이 교장을 맡았다.

삼원보 : 국권 강탈 이후에, 이시영·이상룡(李相龍) 등이 무장 독립 전쟁을 수행하기 위하여 간도에 설치한 기관. 주로 근대적 민족 교육과 군사 훈련에 주력하였다.

경학사 : 1910년에 이시영, 이동녕, 이상룡(李相龍) 등이 중심이 되어 지린성(吉林省) 류허현(柳河縣)에서 조직한 민단적(民團的) 성격을 띤 항일 자치 단체. 1911년에 해산하였다.

서전서숙 : 대한제국 융희 원년(1907)에 이상설 등이 교포 자제의 교육을 위하여 북간도에 세운 학교이다.

중광단 : 1911년에 만주에서 조직한 항일 독립운동 단체. 대종교도(大倧敎徒)인 서일, 계화(桂和) 등이 조직하였으며, 3·1 운동 후에 정의단(正義團), 북로 군정서로 계승·발전하여 무장 항일 운동 단체의 모체가 되었다.

조선상고사 : 신채호가 지은 사서(史書). 1931년에 〈조선일보〉에 연재하였던 내용을 11편으로 나누어 엮었다. 1948년에 간행되었다.

진단학보 : 진단 학회에서 발행하는 학술지. 이병도를 발행인으로 하여 1934년 11월 28일에 창간하였다.

IX 현대사회

신난다

할머니와 손자,
대한민국 건국과정을
논하다

#1. '**카얄포**'라 불리는 항구의 **해방**촌 어느 마을

조모가 **정좌**한 채 바느질을 하고 있는데
숨이 턱까지 찬 손자가 달려와 다급하게 외칩니다.

손　자 : "할매요 할매, 큰 일 났심더. **1948년**에 **한반도 문제가 유엔으로 이관**되고 곧 **남북협상**이 열릴 거래요. 그리고 **5·10 총선거**가 실시된 뒤 대한민국 정부가 수립되어 **제헌국회에서 이승만을 대통령으로 선출**할 거래요. 우짜면 좋아요 할매ㅠㅠ"

할머니 : "문디 자슥, 식전 댓바람부터 속 시끄럽게 말 같지도 않은 얘기를 쳐 씨부리노! 아따 저 양반, 인물과 풍채는 딱 내 스타일인데… 일 하는 건 영~~"

팩트 체크

☑ 1943~1945년
 – **카**이로회담(1943년, 한국독립 최초 언급)
 – **얄**타회담(1945년, 소련(지금의 러시아) 참전 약속)
 – **포**츠담선언(1945년, 한국독립약속 확인)
 – **해방**(1945년 8월 15일, 미군정 포고문)

☑ 1945~1946년
 – **조**선 건국준비위원회 설치(1945.8) : 여운형 주도로 조선 건국준비위원회 설립, 조선 인민공화국 수립

- 모스크바 3상회의(1945.12) : 미소 공동위원회 설치와 신탁통치[*] 합의, 국내에서 신탁통치 반대운동(반탁운동) 전개
- 정읍발언(1946.6)[*] : 제1차 미소 공동위원회 결렬, 이승만이 남한만의 단독정부 수립을 주장
- 좌우 합작운동(1946.7) : 중도우익 김규식과 중도좌익 여운형 주도, 미군정의 후원을 받아 좌·우 합작운동 전개, 여운형 암살로 결국 실패

☑ 1948년

- 한반도 문제 유엔 이관(1948.2) : 제2차 미소 공동위원회 결렬, 한반도문제 유엔으로 이관, 남한만의 총선거실시 결의
- 남북협상(1948.4) : 분단의 조짐이 보이자 김구, 김규식 등이 북측에 남북협상을 제시하여 실시, 남한 단독 선거를 반대하는 '남북조선 제 정당 및 사회단체 공동성명서' 발표
- 5·10 총선거 실시(1948.5) : 남한만의 단독 선거 실시, 제헌국회가 구성됨
- 대한민국 정부 수립(1948.8) : 제헌국회에서 이승만을 대통령으로 선출, 대한민국 정부의 수립을 선포함

신탁통치 : 제2차 세계대전 후, 국제연합의 위임을 받은 나라가 일정한 비자치 지역에서 행하는 통치 형태. 자치 능력이 결여되어 정치적 혼란이 우려되는 지역을 잠정적으로 위임 통치함으로써 안정적인 정치 질서의 수립에 기여하는 것이 목적이었다.

정읍발언 : 미군정기에 이승만이 각지를 순회하는 도중 1946년 6월 3일에 전북 정읍에서 '남측만이라도 임시정부 혹은 위원회 같은 것을 조직할 것'을 강조하는 내용으로 발언한 것을 말한다. 이는 향후 이승만의 정치성향을 여실히 드러낸 발언이었다.

임자, 새마을운동은 제4공화국 최고의 작품이야!

연관 키워드

#그때 그 사람들 #10·26 김재규 #이후락 차지철
#새벽종이 울렸네

박통 : 임자, 나 솔직히 무척 서운해. 사람들이 나에 대해 말할 때 5·16
　　　 군사정변, 3선 개헌 편법통과, 장기집권과 독재, 민주주의 탄압,
　　　 유신헌법 제정 등 나쁜 얘기들만 주로 한다던데 나도 알고 보면
　　　 업적이 많은 사람이야.

임자 : 전, 기억이 잘 안 나는데요….

박통 : 뭐야? 제3공화국과 제4공화국을 거치며 무려 18년 동안 경제
　　　 발전을 위해 노력한 사람이라고. 뭐, 씨바X리갈과 선글라스, 궁
　　　 정동은 왜 빼냐고? 임자! 그건 그만 잊어!

임자 : 미니스커트를 입은 내 친구가 장발을 한 남자친구랑 〈아침이슬〉을
　　　 함께 부르다 쥐도 새도 모르게 남산으로 끌려갔던 일도 있는데….

박통 : 거참, 그 얘긴 또 왜 하는지!! 요즘도 나를 기억하는 사람들이 얼마
　　　 나 많은데 그런 건 눈곱만큼도 관심 없는 겐가?

임자 : 됐고요. 암튼 박정희 정부에 대해 알아보긴 하겠네요. 18년이란
　　　 (지긋지긋한) 긴 시간 때문에 내용이 많고 사건사고도 많아서 애들
　　　 시험에도 자주 나온다고 하니.

팩트 체크

☑ 1961년 : 5·16 군사정변을 통해 무력으로 집권

☑ 제3공화국 : 베경한, 3선 개헌안 편법통과

   – 1961~72 : 베트남파병, 경공업중심, 경부고속도로 완공, 한일국교정상화

   – 베트남파병(1964) : 미국의 요청(브라운각서[*]), 경제원조 받음

   – 경공업중심의 제1·2차 경제개발계획 수립, 경부고속도로 완공(1970년)

   – 한일국교 정상화로 일본으로부터 원조 받음, 서독에 노동자 파견(광부,

     간호사 등 → 이분들이 고국으로 돌아와 남해에 독일마을 만듦)

   – 3선 개헌안 편법 통과, 포항제철 가동

☑ 제4공화국: 유새중 100억불 수출 달성

   – 1972~79 : 유신헌법제정, 새마을운동, 중화학 공업 육성

   – 유신헌법 : 통일주체국민회의 간접선거로 대통령 선출, 중임철폐,

     국회의원 1/3 지명권, 국회해산권, 긴급조치권 부여

   – 중화학 공업을 육성하는 제3·4차 경제개발계획 추진, 중동 진출

   – 새마을운동 전개, 100억불 수출 달성

브라운각서 : 1966년 3월 7일에 주한미국 대사 W. G. 브라운과 대한민국 정부의 이동원 외무부 장관 간에 체결한 각서다. 정식 명칭은 '한국군 월남 증파에 따른 미국의 대한 협조에 관한 주한미대사 공한'으로 대한민국 정부는 베트남 추가 파병을 조건으로 국가 안보와 대한민국의 경제 발전에 대한 16개항의 내용이 들어 있다.

민주화 양에게
_봄날은 계속 된다

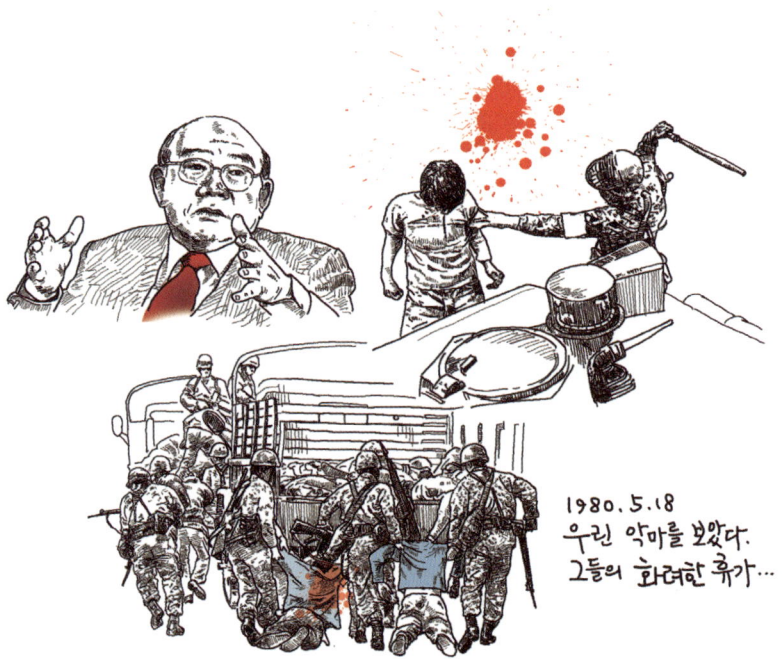

1980. 5. 18
우리 악마를 보았다.
그들의 화려한 휴가…

연관 키워드

#이게 나라냐 #촛불민심 #문재인정부 탄생
#전두환 29만 원 #전두환 백담사 #노무현 전두환 청문회
#보통사람 #나 이사람 믿어주세요

안녕하세요? 저는 한국사를 공부하고 있는 안규입니다. 책상을 떠난 지 하도 오래되어서 진도가 잘 나갈까 걱정했는데, 생각보다 재미있게 공부하고 있습니다. 화가 나는 장면도 많았지만 가슴이 뜨거워지는 부분이 더 많았기에 감회가 새롭습니다. 수많은 외세의 침입 때문에 치욕과 굴욕의 시기를 견뎌야 했던 백성들의 애환에 절로 고개가 숙여집니다. 물론 태평성대도 있었고, 만주와 중국대륙을 호령하며 한민족의 위상을 드높였던 자랑스러운 시절도 있었지요. 이 모두가 오늘 우리의 삶을 가능하게 해준 초석이라 생각합니다. 역사를 공부하면서 가장 마음이 아팠던 부분은 1979년 10·26 사태 이후입니다. 정국이 불안정한 상황에서 전두환을 비롯한 신군부가 정권을 장악하며 1980년 봄, 광주에서 자행했던 계엄군의 잔혹한 만행만큼은 결코 잊어서는 안 되겠지요. 이 일을 직접 겪지 않은 사람의 마음도 이렇게 먹먹한데 현장에 있었던 분들의 공포와 분노, 상실감은 얼마나 클까요?

5월 광주의 봄 이후 37년이 지난 지금, 변화와 희망을 꿈꿀 수 있는 새로운 시대가 열린 것을 기뻐하고 가슴 벅차하면서 동시대를 살아가는 국민의 한 사람으로서 사건의 주동자들이 준엄한 심판을 받고 하루빨리 아픈 역사의 한 장면이 치유되기를 간절히 소망합니다. 그 뜨거운 봄날의 기억을 가슴에 품고 이 땅의 건강하고 자유로운 삶을 위해 제가 있는 자리에서 늘 노력하고 실천하겠습니다. 그동안 정말 애쓰셨습니다. 감사합니다.

팩트 체크

☑ 5·18 민주화운동(1980)

- 배경 : 12·12사태(1979년, 전두환 중심의 신군부가 정권 장악)

  ⇨ 신군부의 비상계엄 확대

- 전개 : 광주에서 계엄령 철회와 민주주의 회복을 요구하는 시위 발생

  (1980년 5월 18일) ⇨ 신군부의 폭력 진압 ⇨ 광주 시민들 항쟁(시민군 결성)

  ⇨ 계엄군 무력으로 광주시민군 유혈 진압

☑ 6월 민주항쟁(1987년)

- 배경 : 전두환 5공 정권의 독재정치와 1987년 박종철 군 고문치사 사건

  이 원인이 되어 발발

- 전개 : 정권퇴진과 대통령 직선제 개헌 요구 등 6월부터 전국적으로 민

  주화 시위 확대

- 결과 : 6·29 민주화 선언 발표, 5년 단임의 직선제 개헌 쟁취

☑ 우리 경제의 성장과 발전사

- 6·25 전쟁 후 : 삼백산업(제분, 제당, 면방직공업)* 발달

- 1960년대 : 경공업 육성(노동집약 산업)

- 1970년대 : 중화학공업 집중 육성

- 1980년대 : 3저(저유가, 저금리, 저달러 현상) 호황으로 수출 증가

- 1990년대 : IMF 외환위기 극복 노력

- 2000년대 : 첨단산업 발달

삼백산업 : 1950년대 한국 산업의 중추적 역할을 했던 산업으로 제품이 흰색을 띤다고 하여 붙은 이름이다. 즉, 밀가루(제분)·설탕(제당)·면직물(면방직 공업)이다.

세상에서 제일 긴 이름,
김수한무~
기나긴 남북교류사

연관 키워드

#6·15 남북공동선언 #10·4 남북공동선언 #햇볕정책
#남북이산가족상봉

박정희 정부부터 노무현 정부에 이르기까지 남북의 교류는 내용이 많고 이름도 헷갈리는 것들이 많습니다. 그렇다고 피해갈 수는 없죠! 이번엔 우리나라 최초의 랩이자 세상에서 제일 긴 이름으로 유명한 코미디언 구봉서 선생님의 1970년대 코미디를 인용해 남북교류와 각 정부별 선언을 랩으로 공부해볼까 합니다.

<원문> 세상에서 제일 긴 이름

김~수한무 거북이와 두루미 삼천갑자 동방삭

치치카포 사리사리센타 워리워리 세브리캉~~♪♬

무두셀라 구름이 허리케인에 담벼락

담벼락에 서생원 서생원에 고양이

고양이엔 바둑이 바둑이는 돌돌이

<바꿔 부르기> 남북의 교류

박~정희 정부 자주, 평화, 민족대단결 7·4남북공동선언* 하고 노~태우 정부 남북유엔 동시가입 남북기본합의서 치치카포 사리사리센타 워리워리 세브리캉~~♪♬

김~대중정부 최초로 남북정상 만나 6·15남북공동선언* 하고 노~무현 정부 제2차 남북정상회담 10·4남북공동선언* 하니 북한에는 햇볕정책 햇볕정책은 김대중정부

팩트 체크

☑ **박정희정부** : 7·4 남북공동선언, 자주, 평화, 민족대단결의 통일원칙 마련, 남북조절위원회 구성

☑ **노태우정부** : 남북기본합의서, 남북한 유엔 동시 가입, 서로의 체제 인정, 상호 불가침 합의

☑ **김대중정부** : 6·15 남북공동선언, 최초로 남북정상회담 개최, 햇볕정책, 개성공단설치

☑ **노무현정부** : 10·4 남북공동선언, 제2차 남북정상회담, 6·15 남북공동선언의 적극 구현 강조

6·15 남북공동선언 : 내용은 다음과 같다. 1.남과 북은 나라의 통일문제를 그 주인인 우리 민족끼리 서로 힘을 합쳐 자주적으로 해결해 나가기로 하였다. 2.남과 북은 나라의 통일을 위한 남측의 연합제안과 북측의 낮은 단계의 연방제안이 서로 공통성이 있다고 인정하고 앞으로 이 방향에서 통일을 지향시켜 나가기로 하였다. 3.남과 북은 올해 8·15에 즈음하여 흩어진 가족, 친척 방문단을 교환하며 비전향장기수 문제를 해결하는 등 인도적 문제를 조속히 풀어 나가기로 하였다. 4.남과 북은 경제협력을 통하여 민족경제를 균형적으로 발전시키고 사회·문화·체육·보건·환경 등 제반 분야의 협력과 교류를 활성화하여 서로의 신뢰를 다져 나가기로 하였다. 5.남과 북은 이상과 같은 합의사항을 조속히 실천에 옮기기 위하여 이른 시일 안에 당국 사이의 대화를 개최하기로 하였다.

10·4 남북공동선언 : 개요는 다음과 같다. 1. 남과 북은 6.15 공동선언을 고수하고 적극 구현해 나간다. 2. 남과 북은 사상과 제도의 차이를 초월하여 남북관계를 상호존중과 신뢰 관계로 확고히 전환시켜 나가기로 하였다. 3. 남과 북은 군사적 적대관계를 종식시키고 한반도에서 긴장완화와 평화를 보장하기 위해 긴밀히 협력하기로 하였다. 4. 남과 북은 현 정전체제를 종식시키고 항구적인 평화체제를 구축해 나가야 한다는데 인식을 같이하고 직접 관련된 3자 또는 4자 정상들이 한반도지역에서 만나 종전을 선언하는 문제를 추진하기 위해 협력해 나가기로 하였다. 5. 남과 북은 민족경제의 균형적 발전과 공동의 번영을 위해 경제협력사업을 공리공영과 유무상통의 원칙에서 적극 활성화하고 지속적으로 확대 발전시켜 나가기로 하였다. 6. 남과 북은 민족의 유구한 역사와 우수한 문화를 빛내기 위해 역사, 언어, 교육, 과학기술, 문화예술, 체육 등 사회문화 분야의 교류와 협력을 발전시켜 나가기로 하였다. 7. 남과 북은 인도주의 협력 사업을 적극 추진해 나가기로 하였다. 8. 남과 북은 국제무대에서 민족의 이익과 해외 동포들의 권리와 이익을 위한 협력을 강화해 나가기로 하였다.

X 역사는 흐른다

저 두분은
채식주의자라는
얘기가 있어요ㅋ

왜 어떤 절 이름은
'사(寺)'가 아니라
'지(地)'로 끝나죠?

다시는 읽지말아야할
국보 1호,
숭례문 (남대문)

지금은 그 절은 없어지고 터만 남아 있어서 '○○절이 있던 땅'이라는 뜻으로 '○○사지'라고 표현하는 거예요. **경천사지 10층 석탑(국보 제 86호)**은 모두 알고 있죠? 경천사는 고려 전기에 창건된 개성 부소산에 있던 절입니다. 이곳의 석탑은 원나라 라마(티벳) 불교*의 영향을 받아 만들어진 대리석 탑으로 화려한 문양이 돋보입니다. 현재 국립중앙박물관 1층에 전시되어 있으니 한번 가서 꼭 확인해보세요. **원각사지 10층 석탑(국보 제2호)**도 유명하지요? 원각사는 조선 전기 세조 때 종로 탑골 공원 터에 창건된 절입니다. 세조의 지시로 경천사지 10층 석탑을 본따 만들었기 때문에 두 탑의 모양이 비슷합니다. 소재 역시 같은 대리석이고요. 사진만 보고 구별하기는 정말 어려우니, 종로 탑골공원에 전시된 것을 꼭 확인하세요.

팩트 체크

☑ '○○사지' 주요 석탑들
- 미륵사지 석탑(백제, 7세기) : 전북 익산, 목탑양식을 계승한 석탑
- 정림사지 5층 석탑(백제, 7세기) : 충남 부여, 목탑양식을 계승한 석탑, 1층 탑신에 당나라 소정방이 쓴 글이 새겨져 있음
- 감은사지 3층 석탑(통일신라, 7세기) : 경북 경주, 통일신라 신문왕 때 건축, 호국사상과 삼국통일의 기상이 반영된 건축물

라마 불교 : 티베트를 중심으로 중국·인도·몽골·만주의 일부 지방에서 발달한 대승불교의 종파이다. 티베트 불교에서는 스승(라마)을 중시하여 라마교라고도 불린다.

셋이 하는 행사라
세시풍속이냐고요?

우리가 몰랐던 김홍도의 씨름장면.

연관 키워드

#부럼 깨는 이유 #창포 머리 감는 이유 #놋다리밟기 유래
#칠월칠석 견우직녀 #동지 팥죽

우리나라는 예로부터 흥과 열정이 많은 민족이에요. 그래서 해마다 총 6번의 세시풍속을 즐겼답니다. 셋이 하는 행사라 세시풍속이냐고? 하하, 그건 당연히 아니고요. '해마다 일정한 시기(세시)에 되풀이하여 행해온 고유의 풍속'이란 뜻에서 **세시풍속(歲時風俗)**이라고 말합니다. 여기에는 자연의 변화에 맞추어 살았던 조상의 지혜가 듬뿍 담겨 있지요. 잠깐, 오늘이 음력 3월 3일이고 지금이 세 시네? 삼짇날 열리는 '활쏘기대회' 보러 국궁장으로 빨리 가자!

팩트 체크

☑ **보름(15일)에 하는 행사**
  – 대보름(음력 1월15일) : 줄다리기, 놋다리밟기, 쥐불놀이, 부럼* 깨기 등
  – 추석(음력 8월15일) : 차례, 성묘, 강강술래, 줄다리기, 씨름 등

☑ **월과 일이 같은 숫자인 행사**
  – 삼짇날(음력 3월3일) : 활쏘기대회, 화전놀이, 머리감기 등
  – 단오(음력 5월5일) : 씨름, 그네뛰기, 봉산탈춤, 송파산대놀이 등
  – 칠석(음력 7월7일) : 칠석놀이, 시 짓기, 칠석제 등

☑ **유일하게 양력에 지내는 행사**
  – 동지(양력 12월22일경) : 팥죽 먹기, 새 달력 나누어주기 등

부럼 : 음력 정월 대보름날 새벽에 깨물어 먹는 딱딱한 열매류인 땅콩, 호두, 잣, 밤, 은행 따위를 통틀어 이르는 말. 이런 것을 깨물면 한 해 동안 부스럼이 생기지 않는다고 한다.

우수한 우리민족,
유네스코 유산도
많구나

연관 키워드

#우리나라 유네스코 문화유산 #유네스코 조국순례대행진
#이산가족을 찾습니다 #직지심체요절 #김장 유래
#제주 칠머리당영등굿#택견의 역사

서울 명동에 가면 한국유네스코회관이 있습니다. 유네스코는 세계유산의 보호, 대중교육과 문화보급 등을 목표로 만든 유엔 산하기관으로 1946년에 설립, 전 세계 192개 가입국이 있으며 본부는 프랑스 파리에 있답니다. **유네스코 유산**은 **세 가지로 구분**되는데요. 우리나라는 문화의 우수성만큼 등록된 유산도 많으니 기억해두시길 바랍니다. 김치 담그는 것도 유네스코 유산이냐고 묻는 분이 많은데요. 우리의 **김장문화**도 당당히 **인류 무형 문화유산***에 등재되어 있답니다.

팩트 체크

☑ 유네스코에 등재된 우리 유산
- 세계문화유산 : 불국사와 석굴암, 해인사 장경판전, 종묘, 창덕궁, 수원화성, 경주 역사유적지, 고창·화순·강화 고인돌 유적, 조선왕릉, 하회·양동 역사마을, 남한산성, 백제 역사유적지구(공주, 부여, 익산)
- 세계기록유산 : 훈민정음, 조선왕조실록, 직지심체요절, 승정원일기, 동의보감, 조선왕조의궤, 고려 대장경판 및 제경판, 일성록, 난중일기, 5·18 민주화운동 기록물, 새마을운동 기록물, 한국의 유교책판, KBS 특별 생방송 '이산가족을 찾습니다' 기록물
- 인류무형문화유산 : 종묘제례 및 제례악(아악), 판소리, 강릉단오제, 남사당놀이, 강강술래, 영산재, 제주 칠머리당영등굿, 처용무, 가곡, 대목장(한옥 짓는 장인), 매 사냥술, 한산 모시짜기, 줄타기, 택견, 아리랑, 농악, 김장문화, 줄다리기, 제주 해녀 문화

인류무형문화유산 : 연극, 무용, 음악, 공예 기술 따위의 무형의 문화적 소산으로 역사적 또는 예술적으로 가치가 큰 것. 그 대상이 형체가 없기 때문에 대부분 그 기능을 갖고 있는 사람이 지정의 대상이 된다.

역사는 우리와 함께 흐른다. 영원히!

지금으로부터 2천여 년 전에 단군왕검이 있어 아사달에 도읍을 정하였다. 나라를 개창하여 고조선이라 했으니 요임금과 같은 시대이다.

_『삼국유사』고조선 건국설화 중

동포들이여! 우리는 야만적인 일본인의 잔혹한 만행과 불법행위를 전 세계에 호소해야 한다. 우리는 최선을 다해 모든 일본인과 그들의 첩자, 그들의 동맹국과 야만적인 군대를 모조리 죽이는 데 힘을 다해야 한다. _대한 관동 창의대장 이인영의 〈격문〉 중

옛 사람이 이르기를, 나라는 없어질 수 있으나 역사는 없어질 수 없다고 하였으니, 그것은 나라는 형체이고 역사는 정신이기 때문이다.

_백암 박은식 선생

어떻게 하면 우리 이천만 동포의 귀에 항상 '애국'이란 말이 울려 퍼지게 할 것인가? 오직 역사로 할 뿐이니라. 역사를 잊은 민족에게 미래는 없다. _단재 신채호 선생

고조선부터 부여, 옥저, 동예, 삼한, 고구려, 백제, 신라, 가야, 통일신라, 발해, 고려, 조선… 그리고 대한민국! 여러분, 우리는 어떤 민족입니까? 배달의 민족인가요, 아니면 백의민족일까요? 우리 모두는 조상의 얼을 계승하고 불굴의 의지로 이 땅을 지키며 살아온 한 명 한 명이 소중하고 자랑스러운 한민족입니다. "역사의 소중함을 아는 민족에게 미래는 영원하다"는 말을 드리며, 행복하고 즐거웠던 트와이스 한국사 여행을 마칠까 합니다. 동행해주신 독자 여러분께 무한 사랑과 깊은 감사를 전합니다. 다음에 또 만나요!